PETITE BIBLIOTHÈQUE DE L'ARMÉE FRANÇAISE

HISTOIRE MILITAIRE
DE LA
FRANCE
DE 1643 A 1871

PAR

Emile SIMOND

LIEUTENANT AU 28ᵉ DE LIGNE

TOME II.

PARIS | LIMOGES
11, Place Saint-André-des-Arts. | 46, Nouvelle route d'Aixe, 46.

HENRI CHARLES-LAVAUZELLE
Éditeur militaire.

1888

DU MÊME AUTEUR

De la tactique des feux et des armes à répétition. — Brochure.

De l'administration et de la comptabilité des corps de troupe (Etude des réformes nécessaire). — Brochure.

Historique des nouveaux régiments créés par la loi du 25 juillet 1887. — Un volume.

NAPOLÉON Ier

(Suite.)

CAMPAGNE DE 1809

Cinquième Coalition

L'Autriche a organisé une armée formidable qui la ruine. Elle est entraînée à la guerre par sa situation financière, par les événements d'Espagne qui occupent la Grande Armée et lui font espérer une revanche et par l'Angleterre qui lui offre cent millions. Elle a pour auxiliaires secrets tous les souverains. La Prusse et la Russie lui promettent une neutralité bienveillante et même, plus tard, leur coopération.

L'Autriche a 300,000 hommes divisés en onze corps qui forment trois armées : la 1re, sous l'archiduc Ferdinand, en Pologne (un corps) ; la 2e, sous l'archiduc Jean, en Italie (deux corps) ; la 3e, sous l'archiduc Charles, dans la vallée du Danube (8 corps). De plus, en réserve, 200,000 hommes de landwehr.

Napoléon a 310,000 hommes ainsi répartis : trois corps de 50,000 hommes chacun, sous les ordres de Davout, Masséna et Lannes ; 20,000 hommes de la garde, une réserve de cavalerie de 15,000 hommes sous Bessières ; soit 185,000 Français ; plus, les Bavarois sous Lefebvre, les

Wurtembergeois, Hessois et Badois sous Augereau, les Saxons sous Bernadotte, ce qui fait un total de 250,000 hommes ; enfin, Eugène en Italie et Marmont en Dalmatie ont 60,000 hommes en tout.

Cette campagne se divise en trois périodes principales : 1º opérations autour de Ratisbonne, 2º bataille d'Essling, 3º bataille de Wagram.

1º Opérations autour de Ratisbonne
(Avril).

Au début, notre armée est surprise. 180,000 Autrichiens sont sur l'Inn et en Bohême, tandis que 140,000 Français et Allemands sont dispersés à Ratisbonne, à Augsbourg et à Ulm. Mais les Autrichiens perdent du temps. Les Français se concentrent au commencement d'avril et forment trois masses que l'archiduc Charles cherche à écraser successivement, après avoir repoussé les Bavarois sur l'Abens.

Davout est à Ratisbonne, Masséna est à 35 lieues de lui, à Augsbourg ; enfin, entre les deux, sont les Bavarois ayant derrière eux les Wurtembergeois avec Vandamme. Ces mauvaises dispositions sont dues au prince Berthier, commandant en chef. Heureusement, Napoléon arrive le 17 à Donauwerth. Il concentre l'armée sur son centre dès le 18.

Le 19, Davout, pour rejoindre, fait une habile marche en quatre colonnes qui partent successivement de manière à présenter une disposition échelonnée, l'aile droite en avant. A Tengen, Davout rencontre le centre des Autrichiens en marche sur Ratisbonne. Ils sont repoussés.

Landshut (21). — Le 20, Napoléon laisse Davout, avec deux divisions seulement, à Tengen, pour contenir l'archiduc Charles, et cherche, avec les deux divisions de tête de Davout, les cuirassiers et les Allemands de Lannes, à tomber sur la gauche autrichienne (que Masséna doit tourner par Landshut) et à la séparer du centre de l'ennemi. Comme en 1806, tandis que l'Empereur, avec la masse de ses troupes, accable une partie de l'armée adverse, Davout, avec un seul corps, lutte contre la masse principale des Autrichiens. Il le fait avec même succès. Le 21, la gauche autrichienne, sous les ordres d'Hiller, est battue à Landshut et rejetée sur l'Inn. L'archiduc perd sa ligne de retraite directe sur Vienne et se trouverait dans une position critique, si le 65e de ligne n'était pas forcé, ce même jour, de livrer Ratisbonne, ce qui donne aux Autrichiens une ligne de retraite sur la Bohême

Eckmühl (22). — L'Empereur se retourne ensuite contre l'archiduc qui a pris position sur les hauteurs d'Ekmühl, malgré la défaite de sa gauche en retraite derrière l'Iser. L'archiduc est refoulé sur Ratisbonne, dont il coupe le pont, après avoir passé sur la rive gauche du Danube. Il entre ensuite en Bohême par Cham, pour revenir sur le Danube par Budweiss.

Ces admirables manœuvres de cinq jours coûtent aux Autrichiens 20,000 hommes et 100 canons.

En Italie. — Pendant ce temps, l'archiduc Jean a battu à Sacile le prince Eugène, mais les succès de Napoléon le forcent à se retirer. Le prince Eugène le poursuit, le bat complètement sur la Piave (8 mai) et s'empare de Goritz, de Trieste et de Laybach.

2° Bataille d'Essling
(Mai).

Notre armée se dirige sur Vienne par la rive droite du Danube. Hilter essaie de résister à Neumark et à Ebersberg, mais il est repoussé. L'Empereur rentre à Vienne le 10 mai. L'archiduc Charles concentre ses troupes (100,000 hommes) sur la rive gauche du Danube dont il veut empêcher le passage. Le grand pont de Vienne a été brûlé

L'île de Lobau est choisie pour le passage du Danube qui est divisé, sur ce point, en quatre bras, dont le principal (480 mètres) est du côté de la rive droite. Le 20 mai, trois divisions, avec Massena, Lannes et avec de la cavalerie, parviennent à passer sur la rive gauche.

Essling (21 et 22). — Le 21, l'archiduc Charles, tirant avantage de ce que notre armée est coupée en deux par le Danube, jette 90,000 hommes et 300 bouches à feu sur les 30.000 Français établis aux villages d'Aspern et d'Essling. En même temps, il profite d'une crue du fleuve pour lancer sur nos ponts des moulins enflammés, placés sur des bateaux, et des embarcations chargées de pierres qui rompent les ponts à plusieurs reprises. Nous gardons pourtant nos positions et, à la nuit, les ponts sont rétablis, ce qui permet de faire passer de nouvelles troupes.

Le 22, nous avons 60,000 hommes avec 150 pièces, contre 80,000 Autrichiens qui restent à l'archiduc. Lannes fait une attaque sur le centre ennemi. Elle est arrêtée par l'Empereur à cause d'une nouvelle rupture presque irréparable de nos ponts. On défend seulement les villages. Essling est pris et repris treize fois. Une canonnade effroyable nous enlève Lannes et Saint-Hilaire. Nous rentrons dans l'île Lobau pendant la nuit. La bataille est sans résultat. Pertes : 26,000 Autrichiens, 16,000 Français.

3° Bataille de Wagram
(Juillet).

L'Empereur réorganise son armée dans l'île Lobau. Il fait venir des conscrits de France et appelle à lui l'armée d'Italie qui a battu l'archiduc Jean à Raab, le 14 juin. L'île est fortifiée d'une manière formidable. Nous avons 150,000 hommes et 550 bouches à feu.

L'archiduc Charles a 140,000 hommes et 400 bouches à feu. Il s'est fortifié vis-à-vis des anciens points de passage de notre armée. Mais Napoléon en choisit un nouveau. Le 5, nos corps débouchent à l'est de l'île, et se déploient à la droite d'Enzersdorf, tournant ainsi les défenses des Autrichiens ; ceux-ci replient leur gauche derrière le Rüssbach, de Neusiedel à Wagram, et déploient leur droite dans la plaine, face à l'est, d'Aspern à Wagram.

Dans la soirée nous attaquons sans succès. Le 6, a lieu la grande bataille.

Wagram (6). — L'archiduc prend l'offensive avec les deux extrémités de sa ligne, et cherche à nous couper du Danube. L'Empereur repousse d'abord l'attaque de la gauche autrichienne en renforçant Davout, puis il envoie Massena vers l'autre extrémité de l'ennemi pour fermer l'espace qui est libre entre notre gauche et le fleuve, Pour masquer le départ de Massena, une batterie de 100 bouches à feu est placée en face du centre ennemi, et prépare une attaque centrale qui est exécutée par Macdonald avec l'armée d'Italie. Elle nous occasionne de grandes pertes, mais, au même instant, Davout exécute une attaque d'aile et de flanc très heureuse, et emporte Neusiedel.

L'archiduc bat alors en retraite avec ordre. Les pertes sont égales : 20 à 25,000 de chaque côté.

Un combat s'engage encore à Znaïm, quand l'archiduc demande une armistice (12 juillet).

Traité de Vienne

(14 octobre 1809)

L'Autriche cède à la Bavière le pays de Saltzbourg, Braunau et des districts sur l'Inn ; à la France, l'Istrie, la Croatie et la Carniole ; au duché de Varsovie, la Gallicie occidentale ; à la Russie, une partie de la Gallicie orientale. Elle perd 3,500,000 habitants, et paie 200 millions comme contribution de guerre. Suprême humiliation, Napoléon fait sauter les remparts de Vienne.

CAMPAGNE DE 1812

Sixième Coalition

Alexandre Ier était mécontent du mariage de Napoléon avec Marie-Louise et de l'agrandissement assuré au grand-duché de Varsovie par le traité de Vienne. Lorsque Napoléon, violant tous les traités, réunit à la France le Hanovre, les Villes hanséatiques et surtout le duché d'Oldenbourg appartenant à un parent du Czar, ce dernier protesta avec violence et cessa d'observer le blocus continental. La guerre fut déclarée en mai 1812, après de longs pourparlers. Bernadotte, élu prince royal de Suède en 1810, s'allia à la Russie et à l'Angleterre, parce que Napoléon lui refusa la Norwège et des subsides.

La France a pour alliés la Suisse, le Danemark, la Prusse et l'Autriche, mais ces deux derniers alliés sont peu sûrs. Elle met sur pied 600,000 hommes. Elle a en première ligne 420,000 hommes, de différentes nationalités, divisés de la manière suivante : huit corps d'infanterie, commandés par Davout, Oudinot, Ney, le prince Eugène, Poniatowski, Saint-Cyr, Reynier et le roi Jérôme ; la vieille et la jeune garde en deux corps sous les ordres de Mortier et Lefebvre; la réserve de cavalerie, en quatre corps, sous les ordres de Nansouty, Montbrun, Grouchy et Latour-Maubourg. De plus, à l'aile gauche, se trouve Macdonald, avec un corps de 35,000 Prussiens et Français, et à l'aile droite, Schwarzenberg, avec 30,000 Autrichiens.

La Russie a 400,000 hommes sur pied, et 230,00 hommes de première ligne en trois armées : la 1re armée de l'Ouest, sous les ordres de Barclay de Tolly ; la 2e armée de l'Ouest, sous les ordres du prince Bagration ; la 3e, plus au sud, en Volhynie, sous les ordres de Tormasoff.

Premières opérations, du Niémen à Smolensk.

Le 24 juin, le centre de l'armée française franchit le Niémen à Kowno. Nopoléon cherche à couper en deux la longue ligne formée en arrière de la frontière par les deux premières armées russes, et à accabler chaque partie séparément. Le 28, il entre à Wilna. Barclay se retire dans le camp retranché de Drissa, Bagration derrière le haut Dniéper. Pour empêcher leur jonction, l'Empereur envoie Davout contre Bagration, que le roi Jérôme doit attaquer par le sud, mais ce dernier perd du temps et n'atteint que l'arrière-garde russe à Neswije. Il est remplacé par Junot. Bagration passe la Bérésina à Bobruisk et se dirige sur Mohilew pour rejoindre Barclay à Witepsk.

Malheureusement, l'Empereur perd quinze jours à Wilna, pour organiser des approvisionnements et ramasser les trainards et maraudeurs qui, déjà au nombre de 30,000, ravagent le pays.

Le 19 juillet, Barclay quitte Drissa, laisse Wittgenstein pour garder la route de Saint-Pétersbourg, et se dirige sur Witepsk. Son arrière-garde résiste deux jours, à Ostrowno, à l'avant-garde de Napoléon. Le 27, Barclay apprend que Bagration, après avoir remonté la rive droite du Dniéper et livré un combat à Davout à Mohilow le 23, se retire sur Smolensk. Il abandonne alors Witepsk et va se joindre à Bagration.

L'armée française se repose à Witepsk et se réorganise. Elle souffre du manque de vivres et a déjà perdu 150,000 hommes, surtout par la désertion et les maladies. Les chevaux meurent par milliers.

Napoléon, après une bataille, s'empare de Smolensk que les Russes incendient (17 et 18 août). A notre aile droite, Schwarzenberg et Reynier défont Tormasoff à Gorodeczna, le 12 août.

A l'aile gauche, Gouvion-St-Cyr remporte un succès sur Wittgenstein, le 18, à Polotsk, et Macdonald investit Riga.

Marche sur Moscou

Les Russes reculent toujours, en incendiant les villes, en ravageant le pays, en faisant un véritable désert devant notre armée. Sanglant combat de Valoutina entre l'arrière-garde russe et l'avant-garde française. Le général Gudin est tué (19 août).

La Moskowa (7 septembre.) — Barclay est devenu impopulaire à cause de cette retraite. On le remplace par Kutusoff qui s'arrête à Borodino pour livrer bataille. Il a 140,000 hommes ; Napoléon en a 130,000. Les Russes se sont fortifiés. Leur droite s'appuie à la Moskowa, leur gauche au bois d'Outitza. Au centre, ils ont une grande redoute avec 21 bouches à feu Barclay commande la droite de la ligne, Bagration la gauche. Napoléon fait attaquer le centre et la gauche ennemis. Après une lutte furieuse la gauche est refoulée, la grande redoute est définitivement prise. L'ennemi se retire derrière la Moskowa. Les Russes perdent 50,000 hommes, et les Français 30,000. Caulaincourt et Montbrun sont tués.

Le 15 septembre, notre armée entre à Moscou que les forçats incendient, sur les ordres du gouverneur Rostopchin. Les Français s'installent au milieu des ruines, et restent un mois dans l'inaction.

Retraite de Moscou

L'Empereur se décide à la retraite (19 octobre). Il a 100,000 hommes et 600 bouches à feu. Il prend d'abord la route de Kalouga et Smolensk, mais l'attaque de Mola-Yarolawetz (24), cependant repoussée, lui fait reprendre la vieille route de Mojaïsk par laquelle il est venu. Les Russes adoptent un système de poursuite parallèle : Kutusoff se tient sur notre flanc gauche, Miloradowich suit notre arrière-garde, et des corps de cosaques et de cavalerie légère voltigent autour de notre flanc droit. Notre armée ainsi entourée fait des pertes effroyables. Davout, à l'arrière-garde, est vivement attaqué à Wiazma (3 novembre). Ney le relève. L'armée parvient enfin à Smolensk le 9 novembre, réduite à 36,000 hommes. Elle repart le 14, en quatre corps, sous Napoléon, Eugène, Davout et Ney qui est toujours à l'arrière garde. Le froid descend à 21°, les vivres sont épuisés. Plus de 30,000 chevaux périssent en peu de jours. Notre artillerie et nos transports sont abandonnés. Le 17 novembre, à Krasnoë, Kutusoff livre bataille, et coupe Ney du reste de l'armée.

Le 18, l'héroïque maréchal attaque, avec 7,000 hommes, les 50,000 Russes qui lui barrent la retraite. Repoussé, il s'échappe, franchit le Dniéper sur la glace et rejoint l'armée à Orcha le 20.

Pour mettre le comble à nos désastres, les corps laissés par Napoléon à son extrême droite et à son extrême gauche ont été défaits. Wittgenstein, renforcé, a séparé Saint-Cyr de Macdonald et s'est emparé de Witepsk. L'armée russe envoyée en Moldavie contre les Turcs, et commandée par l'amiral Tchitchakoff, a été rendue libre par la paix de la Russie avec la Turquie; elle s'est renforcée de l'armée de Tormasoff en Volhynie, n'a laissé qu'un détachement devant Schwarzenberg et Reynier, et a remonté le Dniéper, pour rejoindre Wittgenstein sur la Bérézina. De sorte que, le 22 novembre, quand notre armée s'approche de la Bérézina, elle trouve Tchitchakoff avec 40,000 Russes sur la rive droite, elle a Wittgenstein qui s'avance par la rive gauche sur son flanc droit, et enfin Kutusoff qui menace ses derrières. La situation semble désespérée. Heureusement, on découvre un point de passage à Studianka. Les pontonniers du général Eblé se dévouent pour jeter deux ponts et périssent dans les glaces. Le 26, commence le passage. Victor le protège sur la rive gauche et contient Wittgenstein. Ney et Oudinot arrêtent Tchitchakoff sur la rive droite et le rejettent sur Borisow. Le 29, Victor passe à son tour les ponts et les brûle, laissant sur la rive gauche 15,000 traînards qui sont noyés ou pris.

Les débris de l'armée se dirigent sur Wilna par Zembin. A Smorgoni, Napoléon quitte son armée et cède le commandement à Murat (5 décembre). Le froid atteint 30 degrés Réaumur. Il n'y a plus de retraite. C'est une déroute complète, effroyable. L'intrépide Ney lutte jusqu'à la fin et passe le pont du Niémen le dernier.

300,000 hommes ont péri par le feu, la misère ou le froid. Tout le reste de notre Grande Armée, moins 40,000 hommes réunis plus tard sur l'Elbe, est prisonnier des Russes.

CAMPAGNE DE 1813

La Prusse se déclare contre nous, de sorte que la coalition comprend l'Angleterre, la Russie, la Prusse, la Suède, l'Espagne et le Portugal. La France n'a plus que des alliés douteux : l'Autriche (déjà hostile), la Bavière et l'Allemagne. Napoléon prend presque toute la population valide et obtient plus de 500,000 hommes. Il forme douze corps d'armée de première ligne avec des conscrits, comprenant 160.000 hommes avec 600 bouches à feu. Nous avons encore 50,000 hommes dans les places de la Vistule et de l'Oder. Les alliés mettent en ligne à peu près le même nombre d'hommes à la fin d'avril.

Première période (jusqu'à l'armistice de Pleswitz).

L'armée française marche sur Leipzig. Deux combats brillants ont lieu à Weissenfels (29 avril) et dans le défilé de Poserna où Bessières est tué (1er mai).

Bataille de Lützen. — Le 2, l'armée principale des coalisés, commandée par Wittgenstein et divisée en trois corps, sous les ordres de Wittgenstein, Blücher et Miloradowitch, se jette brusquement sur notre flanc droit, par Zwenkau et Pegau. L'Empereur fait face à droite et dispose ses corps en avant de Lützen. Blücher cherche à enfoncer notre centre à Kaya. Ce village est perdu deux fois et deux fois repris. Eugène menace la droite de l'ennemi et Bertrand sa gauche, ce qui le contraint à la retraite sur

Pegau, derrière l'Elster. Cette bataille coûte 20,000 hommes à l'armée russo-prussienne, et 13,000 aux Français.

Bautzen (20 et 21 mai). — Les Français suivent l'ennemi jusqu'à Bautzen où il s'est établi dans une formidable position, avec deux lignes de défense derrière la Sprée et derrière le ruisseau de Blœsaer. Le 20, l'ennemi est repoussé sur sa 2ᵉ ligne de défense. Le 21, Ney tourne et défait son aile droite commandée par Blücher. Les alliés battent en retraite, et perdent 21,000 hommes ; les Français, 13,000. La victoire du 21 porte le nom de bataille de Würschen.

Le 1ᵉʳ juin, notre armée est à Glogau, Liegnitz et Breslau.

L'armistice de Pleswitz, signé le 4 juin par l'entremise de l'Autriche, dure jusqu'au 10 août. Les négociations diplomatiques n'aboutissent pas. Les victoires de Wellington en Espagne encouragent nos ennemis qui font échouer le congrès de Prague. L'Autriche se joint à la coalition.

Deuxième période

Napoléon a réorganisé ses troupes. Il a 400,000 hommes sur pied, dont 300,000 en première ligne : 30,000 avec Davout à Hambourg ; 80,000 avec Oudinot à Wittenberg ; 190,000 sous ses ordres, de Dresde à Liegnitz.

Les alliés forment trois armées : 1° l'armée du Nord (130,000 hommes), commandée par Bernadotte, sur le Havel ; 2° l'armée de Bohême (230,000 hommes), sous les ordres du prince Schwarzenberg, ayant son centre à Prague ; 3° l'armée de Silésie (120,000 hommes), commandée par Blücher, sur la rive droite de l'Oder ; soit 480,000 hommes en première ligne. Mais la coalition possède un million d'hommes sur pied.

Napoléon veut prendre l'offensive, quand il apprend que Blücher a repoussé derrière le Bober deux corps français. Il y court, et, le 21 août, rejette l'armée de Silésie au delà de la Katzbach et ensuite sur Jauer, avec une perte de 8,000 hommes (combat de Goldberg, 23 août).

Mais l'armée de Bohême s'avance sur Dresde. L'Empereur laisse Macdonald, avec trois corps, devant Blücher et se porte contre Schwarzenberg.

Bataille de Dresde (26 et 27 août). — Les alliés forment un vaste demi-cercle, dont les deux extrémités s'appuient à l'Elbe, au-dessus et au-dessous de la ville. Les deux ailes des Français s'appuient aussi à l'Elbe, et leur centre est couvert par des redoutes. Le 26, les alliés entament d'abord notre ligne aux deux ailes et au centre, mais le soir, une offensive vigoureuse de Ney et de Mortier les détermine à battre en retraite. Nous reprenons toutes nos positions. Le 27, l'Empereur attaque par les deux ailes, ne craignant rien sur son centre couvert par le camp retranché de Dresde. Il a 120,000 hommes, les alliés 180,000. A droite, l'attaque de Victor et, à gauche, celle de Ney réussissent, ce qui entraîne la retraite de toute l'armée ennemie qui perd 33,000 hommes, dont 18,000 prisonniers, avec 49 canons. Cette victoire nous coûte 8 à 10,000 hommes.

Un boulet français tue Moreau dans les rangs ennemis.

Kulm (30 août). — Par malheur, l'effet de cette victoire est presque effacé par la destruction du corps de Vandamme qui, envoyé à la poursuite de l'ennemi, est surpris et entouré à Kulm. Nous perdons là 5 à 6,000 hommes hors de combat, 7.000 prisonniers, 30 canons.

La Katzbach (26 août). — Une autre défaite est occasionnée par une offensive maladroite de Macdonald contre Blücher. Les Français reculent jusqu'à Bautzen sans leurs bagages; ils perdent 10,000 tués, blessés ou prisonniers et 100 canons. Ils ont en outre 10,000 traînards.

Gross-Beeren (24 août). — Autre échec dans la direction de Berlin. Oudinot, avec 65,000 hommes, attaque l'armée du Nord forte de 90,000 hommes, sous les ordres de Bernadotte. Le 21, il marche sur l'ennemi avec ses trois corps formant trois colonnes séparées par des intervalles d'environ deux lieues, et non reliées entre elles. Aussi, le 7ᵉ corps, celui du centre, est-il accablé à Gross-Beeren. Nous perdons 12,000 hommes et 15 canons. Oudinot est remplacé par Ney.

Dennewitz (6 septembre). — Ney reprend l'offensive avec ses trois corps qui forment une colonne allongée. A Dennewitz, un corps prussien barre la route, et toute l'armée de Bernadotte s'avance sur notre flanc gauche. Ney se forme en potence pour faire face de tous côtés, mais il n'a que 50,000 hommes contre 80,000. Les Saxons nous trahissent et passent à l'ennemi en jetant la panique. C'est une déroute. Nous perdons 10,000 hommes et 25 bouches à feu; l'ennemi perd 7,000 hommes. Cette défaite est aussi désignée sous le nom de bataille de Jüterbock.

Pendant ce temps, Napoléon avait rejoint Macdonald pour livrer bataille à l'armée de Silésie, mais Blücher s'était dérobé devant lui, suivant la tactique adoptée par les alliés qui consistait à ne combattre que les lieutenants de l'Empereur. Napoléon se porte contre la grande armée alliée qui lui échappe également. Mais les alliés, enhardis par leurs succès, se décident à prendre l'offensive et font une marche concentrique sur Leipzig.

Bataille de Leipzig (16, 18 et 19 octobre). — Les coalisés forment d'abord autour de Dresde un demi-cercle allant de Wittenberg, par Bautzen, à Tœplitz, et qui se resserre de plus en plus autour des Français acculés sur l'Elbe. Ils envoient Benningsen derrière Dresde pour fermer la route de France. Le 3 octobre, le demi-cercle qu'ils formaient sur la rive droite de l'Elbe est transporté sur la rive gauche, mais n'est pas complètement achevé.

Napoléon laisse malheureusement 30,000 hommes avec Gouvion-Saint-Cyr dans Dresde, où ils sont bientôt assiégés et où ils capitulent le 11 novembre.

L'Empereur charge Murat de garder les approches de Leipzig contre l'armée de Bohême, et se réunit à Ney pour battre Blücher (9 octobre). Mais ce dernier court sur Zerbig où il se joint à Bernadotte, et tous deux se portent à Halle. En même temps, les Autrichiens ont fait des progrès, malgré Murat. Leur gauche est à Altenbourg, leur centre descend la Pleiss et leur droite arrive à Colditz. La route de France va être fermée. Napoléon songe à porter la guerre en Prusse, quand il apprend que la Bavière se joint à la coalition.

Alors, en deux jours, l'Empereur concentre son armée à Leipzig. Il n'a plus que 160,000 hommes à opposer aux 300,000 hommes des alliés qui sont réunis seulement le 17.

La grande *bataille des nations* commence le 16, d'un côté entre Napoléon et Schwarzenberg, aux villages de Liebertwolkwitz, de Vachau et de Mark-Kleeberg, c'est-à-dire au sud du champ de bataille ; d'un autre côté, au nord, à Möckern, entre Blücher et Marmont, renforcé plus tard de Ney.

Schwarzenberg forme cinq colonnes qui attaquent de front et débordent les ailes de l'armée de Napoléon. Vachau, à notre centre, est pris et repris cinq fois, mais nous reste enfin. A midi, l'Empereur prend à son tour l'offensive contre le centre ennemi qu'il est sur le point de percer, lorsqu'il est arrêté par des succès qu'obtient la gauche autrichienne au pont de Dölitz. Cette première bataille reste indécise.

A Möckern, Marmont, attaqué par les 60,000 hommes de Blücher, se replie en ordre derrière la Partha.

La journée du 17 se passe en préparatifs de combat.

Le 18, les alliés prennent l'offensive, l'armée de Bohême contre notre armée du sud, les deux armées de Bernadotte et de Blücher contre notre armée du nord.

A notre armée du nord, 12,000 Saxons font défection et déchargent leur artillerie sur nous en passant à l'ennemi. Malgré tout, nous conservons nos positions.

L'Empereur ordonne la retraite, car les munitions vont manquer. Elle a lieu le 19, pendant que les alliés emportent la ville. La destruction trop hâtive du pont de Lindenau sur l'Elster fait perdre 20,000 hommes et 150 canons. Poniatowski se noie.

Cette terrible bataille coûte aux Français 50,000 hommes dont 20,000 tués, et aux alliés, 60,000 tués ou blessés.

Hanau. — Les débris de l'armée battent rapidement en retraite par Fribourg, Weimar, Erfurth. Une armée de 50,000 Austro-Bavarois cherche à nous couper la retraite. Napoléon la culbute à Hanau et lui fait perdre 10,000 hommes (30 octobre).

Le 2 novembre, toute l'armée, réduite à 60,000 hommes, a franchi le Rhin.

Les places de la Vistule, de l'Oder et de l'Elbe sont forcées de capituler. Rapp se défend un an à Dantzig. Davout résiste à Hambourg jusqu'à la fin de la guerre.

Molitor évacue la Hollande soulevée.

En Italie, Eugène, après avoir battu les Autrichiens à Caldiero (15 novembre), se trouve compromis par la défection de Murat qui traite avec les alliés et marche contre les Français, espérant ainsi sauver sa couronne.

Wellington est sur l'Adour. Les alliés préparent l'invasion de la France.

CAMPAGNE DE 1814

Les coalisés organisent trois armées : 1° l'armée du nord, sous les ordres de Wintzingerode, forte de 40,000 hommes ; l'armée de Silésie, sous les ordres de Blücher, forte de 130,000 hommes ; l'armée de Bohême, sous les ordres de Schwarzenberg, forte de 180,000 hommes ; total 350,000 hommes. En arrière, 200,000 hommes de réserve. En outre, les alliés ont, en Italie, les 80,000 Autrichiens de Bellegarde et les 30,000 Napolitains de Murat ; puis, aux Pyrénées, 100,000 Anglais, Espagnols et Portugais commandés par Wellington. La France est donc entourée d'environ 900,000 hommes.

L'Empereur n'a à leur opposer que 170,000 hommes :

1° 70,000 sur le Rhin, décimés par le typhus de Mayence ;

2° 30,000 sous les ordres d'Eugène, en Italie ;

3° 70,000, en deux armées placées aux deux extrémités des Pyrénées, sous les ordres de Suchet et de Soult. Le reste de ses troupes se trouve bloqué dans les places fortes d'Espagne, d'Italie et d'Allemagne.

Le 31 décembre, les alliés se sont mis en marche et ont refoulé tous les corps qui leur étaient opposés. L'armée de Silésie a passé le Rhin au-dessus et au-dessous de Mayence, se dirigeant sur la Sarre ; l'armée de Bohême a violé la neutralité de la Suisse, a franchi le Rhin à Bâle et a pris la direction de Langres.

Vers le 25 janvier, l'armée du Nord est à Namur, et les deux armées de Silésie et de Bohême, séparées au début par un intervalle de 80 lieues, commencent à opérer leur jonction sur la haute Marne.

Première Période

Saint-Dizier, Brienne, La Rothière. — Marmont, Ney et Victor sont groupés en avant de Vitry, Macdonald marche sur Châlons, Mortier est à Troyes. Ils ont en tout 70,000 hommes.

Napoléon veut empêcher la jonction de Blücher et de Schwarzenberg et surprendre les colonnes isolées. Il laisse Macdonald à Châlons pour garder la Marne, Mortier à Troyes pour garder la Seine. Avec les trois autres corps, il bat et enlève une division détachée de l'armée de Silésie à Saint-Dizier (27 janvier). Blücher se concentre rapidement à Brienne, malgré une attaque de l'Empereur (29), et se met en communication avec Schwarzenberg qui le renfonce. Il prend alors l'offensive à la Rothière avec 100,000 hommes contre 36.000. Les Français, enfoncés au centre et tournés sur leur gauche, perdent 6,000 hommes et 60 canons (1er février). Pertes des alliés : 6 à 7,000 hommes.

Cette défaite force Napoléon à se retirer sur Nogent, derrière la Seine.

Deuxième Période

Champaubert (10 *février*). — Les deux armées alliées commettent la faute de se séparer complètement pour marcher sur Paris, l'une par la vallée de la Marne, l'autre par la vallée de la Seine. L'armée de Silésie se dirige sur Châlons en quatre masses échelonnées à de grandes distances. Aussitôt, l'Empereur projette de couper cette armée en deux, en tombant sur son flanc gauche, et de battre ses différents tronçons. Il débouche sur Champaubert et écrase le corps d'Alsusiew. Il fait alors contenir le corps venant de Châlons par Marmont.

Montmirail (11). — Il se rabat ensuite sur Montmirail, et défait d'abord les corps de Sacken qui perd des équipages et 26 canons.

Château-Thierry (12). — Yorck est accouru et s'est joint à Sacken.

L'Empereur les accable à Château-Thierry et les fait poursuivre par Mortier sur la rive droite de la Marne.

Vauchamps (14). — Il revient sur ses pas et rejoint Marmont qui a été obligé de reculer devant Blücher. Par différentes manœuvres, il fait perdre à ce dernier 15 canons, 7,000 tués ou blessés et 2,000 prisonniers.

En cinq jours, l'Empereur a eu quatre victoires et a détruit ou enlevé 25,000 hommes à l'armée de Silésie, mais celle-ci est renforcée par l'armée du Nord qui arrive dans le bassin de la Seine, et elle se réorganise à Châlons.

Troisième Période

Pendant ce temps, Schwarzenberg s'est avancé jusqu'à Fontainebleau et Montargis. Macdonald, Victor et Oudinot, qui étaient chargés de le contenir, se sont retirés sur la ligne de l'Yères.

Mormant (17 février). — Napoléon se retourne contre l'armée de Bohême et bat l'avant-garde à Mormant. Les colonnes ennemies se retirent vers la Seine.

Montereau (18). — Les Français battent ensuite le prince de Wurtemberg, s'emparent du pont de Montereau et débouchent sur la rive gauche de la Seine. L'armée de Bohême se replie derrière l'Aube.

Méry (22). — Blücher accourt au secours de Schwarzenberg. Un de ses corps est battu à Méry par Oudinot. Les deux armées ennemies se réunissent, mais pour se séparer de nouveau. Blücher se reporte sur la Marne pour rallier le corps de Wintzingerode, ainsi que celui de Bülow qui a quitté la Belgique. Ils repoussent Marmont et Mortier derrière l'Ourcq. Napoléon se jette alors sur les derrières de l'armée de Silésie.

Quatrième Période

Blücher, apprenant la marche de l'Empereur, se retire sur Soissons. Il est un moment compromis, mais Bülow et Wintzingerode arrivent à propos pour le secourir et pour lui ouvrir les portes de Soissons qu'ils ont fait capituler (4 mars).

Craonne (7 mars). — Napoléon attaque l'armée de Blücher installée sur le plateau de Craonne. Après un combat sanglant où les Français perdent 8,000 hommes et les Russes 5,000, l'ennemi se retire sur Laon.

Laon (9 et 10). — Cependant l'Empereur persiste dans son offensive, mais il n'arrive pas à déloger l'ennemi des approches de Laon. Il envoie Marmont pour tourner la position par la route de Reims; celui-ci est enfoncé et rejeté au delà de l'Aisne. Napoléon, qui n'a plus que 17,000 hommes contre 100,000, risque encore une attaque, et se voit contraint à la retraite, après avoir perdu 4,500 hommes. En s'éloignant, il enlève Reims à un corps russe qu'il bat (14).

Pendant ces manœuvres, Schwarzenberg a repris l'offensive et contraint Oudinot et Macdonald à reculer jusqu'à Nogent.

Cinquième Période

Napoléon se reporte sur la Seine, laissant Mortier et Marmont opposés à Blücher, avec 19,000 hommes.

Arcis sur-Aube (20 et 21 mars). — L'Empereur livre à l'armée de Bohême les combats d'Arcis-sur-Aube, avec 28,000 hommes contre 118,000.

Notre armée devrait être écrasée, mais elle est sauvée par l'intrépidité de ses attaques.

L'Empereur se retire de Vitry, et veut se jeter sur les derrières des alliés. Le 23, il court à Saint-Dizier. Blücher et Schwarzenberg ont de nouveau opéré leur jonction près de Vitry; leurs armées se donnent la main derrière l'armée française.

Fère-Champenoise (25). — Mortier et Marmont veulent rejoindre l'Empereur, mais les armées alliées leur barrent la route. Ils battent en retraite. Leur arrière-garde est défaite à Fère-Champenoise. En même temps, un convoi escorté de 5,000 gardes nationaux, sous les ordres du général Pacthod, qui cherchait à joindre les deux maréchaux, tomba au milieu de l'ennemi. Cette héroïque escorte résista douze heures et fut presque tout entière prise ou tuée.

Marmont et Mortier, poursuivis par l'ennemi, se rabattent sur Paris par Nangis et Melun. Les armées des coalisés, en trois colonnes, arrivent au Bourget, à Bondy et à Noisy.

Saint-Dizier (26). — Wintzingerode, avec un corps composé surtout de cavalerie, a suivi Napoléon pour lui faire croire que toute l'armée coalisée est sur ses traces. L'Empereur bat ce corps et le rejette sur Vitry. Puis, détrompé, il court sur Paris. Le 30, l'armée française arrive à Troyes. Ce même jour a lieu la bataille de Paris.

Bataille de Paris (30). — L'engagement a lieu sur les hauteurs du nord. Marmont défend la droite de la position, de Montreuil à Pantin, contre l'armée de Bohême ; Mortier défend la gauche, de Pantin à Saint Ouen, contre l'armée de Silésie.

12,000 gardes nationaux gardent les barrières. Les coalisés forment une ligne d'attaque qui s'étend de la Seine à la Marne. Ils ont 150,000 hommes contre 24,000. Blücher tourne Belleville par la Villette. La butte Chaumont et Montmartre sont enlevés. Une capitulation est signée. L'armée se retire sur Essonnes où elle se joint aux troupes de Napoléon. La bataille de Paris coûte 18,000 hommes aux alliés, 4,000 aux Français. Les alliés entrent dans la capitale. Napoléon songe encore à les y attaquer, mais ses généraux ne veulent plus le suivre. Pendant que Marmont négocie, ses troupes sont emmenées à Versailles par Souham. Le Sénat proclame la déchéance de l'Empereur (3 avril). Ce dernier signe son abdication (11) et part pour l'île d'Elbe, qui lui est donnée en toute souveraineté. Il est accompagné de Bertrand, Drouot, Cambronne et 400 hommes.

Armée de Lyon. — Au début de la campagne, Augereau avait organisé une armée de 30,000 hommes à Lyon. Il eut à lutter d'abord contre Bübna, puis contre le prince de Hesse-Hombourg qui avait 70,000 hommes. Le 20 mars, le maréchal fut battu à Limonest. Il se retira sur Valence.

Aux Pyrénées, Soult n'avait plus que 40,000

hommes contre les 120,000 de Wellington. Il livra bataille à Orthez (27 février), puis exécuta une habile retraite sur Toulouse, où eut lieu une dernière bataille le 10 avril.

En Italie, le prince Eugène, avec 30,000 conscrits contre 50,000 vieux soldats de l'Autriche, battit sur le Mincio Bellegarde qui perdit 7,000 hommes (8 février).

En Belgique, Maison avait lutté avec succès, en premier lieu contre Bülow, qui avait fait une retraite honteuse, après une tentative contre Anvers défendue par Carnot (6 février); en deuxième lieu contre le duc de Weimar. Ce dernier échoua même piteusement dans une attaque contre Maubeuge défendue par les habitants (23 mars).

Traité de Paris
(30 mai 1814)

Il est signé par Louis XVIII. La France est réduite à ses limites du 1ᵉʳ janvier 1792. Elle obtient quelques annexes, principalement du côté de la Savoie. Elle recouvre ses colonies, excepté l'île de France, Sainte-Lucie, Tabago et Saint-Domingue.

LOUIS XVIII

(1814-1815)

La première restauration dure du 6 avril 1814 au 19 mars 1815. Le roi entre à Paris le 3 mai. Louis XVIII « octroie », le 4 juin, une Charte constitutionnelle reconnaissant la plupart des principes de la Révolution, mais il ne tarde pas à se rendre impopulaire par de nombreux actes inspirés par les émigrés. 4.000 officiers sont mis en réforme ou en demi-solde, tandis que les émigrés qui ont combattu la France entrent dans l'armée avec les grades obtenus à l'étranger. Aussi, lorsque Napoléon quitte l'île d'Elbe et débarque au golfe Jouan, le 1er mars, il est accueilli dans les départements avec le plus grand enthousiasme. L'armée se déclare pour lui. Le 20 mars, il rentre à Paris. La veille, Louis XVIII et sa cour s'étaient enfuis à Gand.

NAPOLÉON Ier

Les Cent-jours, du 20 mars au 22 juin

Napoléon promulgue un « Acte additionnel aux constitutions de l'Empire » par lequel il inaugure un gouvernement plus libéral. Carnot est appelé au ministère de l'intérieur. Une nouvelle Chambre est élue, composée surtout de républicains et de libéraux Les souverains alliés, réunis à Vienne pour faire le partage de l'Europe, font trêve à leurs discordes et renouent leur coalition contre la France.

CAMPAGNE DE 1815

La France, sans alliés, lutte encore contre l'Europe tout entière. Les armées de la coalition n'ont pas été dissoutes. Elle a plus d'un million d'hommes sur pied, et cinq armées de première ligne comprenant 785,000 combattants. Napoléon conçoit le plan de se porter rapidement dans les Pays-Bas, pour se placer entre les deux armées anglaise et prussienne, qui sont séparées, et les accabler isolément. Elles ont à peu près 235,000 hommes.

Vers le milieu de juin, l'armée anglaise a ses deux corps le long de notre frontière, la droite à la mer, la gauche vers Frasnes et Genappe. La réserve est à Bruxelles, sous les ordres directs de Wellington (*l'Iron duke*) commandant en chef.

L'armée prussienne a quatre corps : le 1ᵉʳ de Chaleroi à Namur, le 2ᵉ aux environs de Namur, le 3ᵉ sur la rive droite de la Meuse, près d'Assesses; le 4ᵉ, servant de réserve, autour de Liège. Le général en chef est Blücher (*le Marschall Vorwærts*).

L'armée française a cinq corps d'infanterie, sous les ordres de : d'Erlon, Reille, Vandamme, Gérard et Lobau. Elle a quatre corps de cavalerie, sous Pajol, Exelmans, Milhaud et Kellermann. La garde forme la réserve. En tout 120,000 hommes.

Le 14 juin, notre armée est réunie derrière la forêt de Beaumont, prête à déboucher sur le point de jonction des deux armées alliées, aux Quatre-Bras, sans que l'ennemi soupçonne sa présence. Le 15, elle marche en trois colonnes sur la Sambre qui est franchie. A ce moment, le général Bourmont passe à l'ennemi et renseigne Blücher sur les projets de Napoléon.

Après le passage, notre armée forme deux masses. Celle de gauche, avec Ney, doit pousser l'ennemi et atteindre les Quatre-Bras; celle de droite, avec Grouchy, marche sur Fleurus, vers la droite des Prussiens.

Blücher se concentre rapidement à Sombref dès le 14. Ses corps serrent sur leur droite pour joindre les Anglais.

Wellington surpris ne se concentre que le 16. Ney pouvait donc écraser, le 15 ou le 16 au matin, la division anglaise placée aux Quatre-Bras. Mais Ney et Grouchy montrent de l'hésitation, perdent du temps. Les alliés, au contraire, déploient beaucoup d'activité. Le 16, les Prussiens sont en position derrière le ruisseau de Ligny dès le matin, et tous les corps anglais se portent en hâte aux Quatre-Bras.

Ligny (16). — Napoléon a suivi Grouchy. Il a 69,000 hommes. Blücher a trois corps en position comprenant 90,000 hommes. L'Empereur cherche à séparer les Prussiens des Anglais en s'emparant des deux villages de Saint-Amand et à culbuter le centre de l'ennemi. Il compte aussi prendre Blücher à revers au moyen du 1er corps qui est à Frasnes, chargé d'appuyer Ney, et qui doit ensuite se porter vivement sur Wagnelée. Les Prussiens font une résistance furieuse, mais, à 6 heures, leur centre est enfin enfoncé, ils battent en retraite. Seulement, la victoire n'est pas décisive parce que le 1er corps s'est trompé de direction, s'est montré à 5 heures sur notre gauche et, à ce moment, a été rappelé par Ney, se promenant ainsi inutilement entre les deux batailles. Les Prussiens perdent 20,000 hommes.

Quatre-Bras. — En même temps, Ney se battait aux Quatre-Bras. Il n'y était arrivé qu'à deux heures, et s'était contenté d'une canonnade jusqu'à 3 heures. Wellington avait reçu ses réserves à partir de ce moment, et avait repoussé les Français. Il avait perdu 5,000 hommes, et Ney 4,000.

Le 17, Grouchy est envoyé à la poursuite des Prussiens avec deux corps d'infanterie (3e et 4e) et deux corps de cavalerie (Pajol et Exelmans), mais il s'éclaire mal et marche sur Gembloux, tandis que Blücher se dirige sur Wavres où il se concentre. Wellington se met aussi en retraite et prend position sur le plateau de Mont-Saint-Jean, devant la forêt de Soignes, pour couvrir Bruxelles et attendre les Prussiens qui doivent le rejoindre.

Napoléon débouche des Quatre-Bras à sa suite et se déploie au-delà de Planchenois, sur les hauteurs de la Belle-Alliance. Il lui reste 65,000 hommes (trois corps d'infanterie et deux de cavalerie) à opposer au 75,000 Anglais. Mais Blücher est à Wavres avec 100,000 hommes. Grouchy, qui est à Gembloux avec 35,000 hommes, ne reparaîtra pas. Il marche le 18 sur Wavres, où il arrive à 4 heures, et défait un corps prussien chargé de l'arrêter.

Waterloo (18 *juin*). — Les Anglais, établis sur le plateau, ont placé leur aile droite entre les deux routes de Nivelles et de Charleroi ; leur aile gauche est de l'autre côté de la route de Bruxelles ; la réserve est à Mont-Saint-Jean. Ils ont comme postes avancés : à droite, le château d'Hougoumont qui est fortifié ; au centre, la ferme de la Haie-Sainte ; à gauche, les hameaux de la Haie, de Papelotte et de Smohen.

L'Empereur ne prend l'offensive qu'à 11 heures, à cause du mauvais état du terrain détrempé par un violent orage qui a éclaté la veille. Son plan consiste à faire une fausse attaque sur le château d'Hougoumont, à enfoncer le centre de l'ennemi pour lui enlever sa ligne de retraite, ainsi que sa gauche pour le séparer de Blücher. La tentative contre le château est mal comprise et occasionne de grandes pertes. Une première attaque de Ney contre le centre et la gauche échoue. En même temps, Bülow, avec un corps prussien, a débouché sur notre flanc droit. Lobau, à la tête d'un corps d'infanterie et de deux divisions de cavalerie, le contient avec peine. Il est renforcé par les divisions Duhesme et Morand de la garde.

Vers 3 heures, Ney tente une deuxième attaque et s'empare de la Haie-Sainte et de Papelotte. Le 3° et le 4° corps de cavalerie, ainsi que la cavalerie de la garde (10,000 chevaux) font une charge terrible qui enfonce plusieurs carrés anglais, mais l'ennemi défend le terrain avec ténacité. Deux autres corps prussiens, conduits par Blücher, arrivent encore sur notre flanc droit qui est attaqué par 75,000 hommes. Napoléon fait un effort suprême contre le centre des Anglais avec la division de sa vieille garde, mais elle est écrasée et rejetée au bas du plateau. Alors, vers 8 heures, les ennemis fondent de toutes parts sur nos débris qui luttent avec une énergie désespérée. La vieille garde se forme en carrés qui sont massacrés après une résistance héroïque. Il y a une épouvantable déroute jusqu'à notre frontière.

Pertes des alliés : 20 à 22,000 hommes. Pertes des Français 25,000 hommes, 6,000 prisonniers, 250 canons.

Les alliés marchent sur Paris qui est faiblement défendu. Le 3 juillet, la capitulation est signée par un gouvernement provisoire présidé par Fouché et nommé par la Chambre. L'Empereur a de nouveau abdiqué.

L'armée se retire derrière la Loire, puis elle est licenciée. Paris est pillé par les généraux alliés. La France est rançonnée et dévastée par plus d'un million d'étrangers venus à la curée. Louis XVIII rentre en France.

Napoléon se confie à la générosité des Anglais qui le déclarent prisonnier de guerre, et le conduisent à l'île de Saint-Hélène (17 octobre). Il y meurt le 5 mai 1821.

Deuxième traité de Paris

(20 novembre 1815)

Ce traité est aussi conclu par Louis XVIII. Nous payons aux alliés un millard 170 millions ; 150,000 soldats étrangers sont entretenus pendant trois ans en France. Philippeville, Marienbourg, le duché de Bouillon, Sarrelouis et le cours de la Sarre, Landau et la Savoie nous sont enlevés ; les fortifications d'Huningue sont démolies. Ce fatal traité nous éloignait donc encore de notre frontière naturelle, en affaiblissant perfidement nos points les plus vulnérables. Cette frontière artificielle, que nous ont imposée les traités de 1814 et de 1815, n'a subi aucun changement jusqu'en 1870. Nous avons seulement obtenu Nice et la Savoie après la guerre de 1859.

LOUIS XVIII
(1815-1825)

Réaction royaliste. — Sur la proposition de Fouché, nommé ministre de la police, dix-neuf généraux sont traduits devant des conseils de guerre, trente-huit sont condamnés à l'exil. Le maréchal Ney et cinq généraux sont fusillés ; d'autres sont condamnés à mort par contumace.

Le maréchal Brune et le général Ramel sont assassinés par les bandes royalistes qui, dans le Midi, se livrent à tous les excès. Cette période est appelée la *Terreur blanche* La Chambre des députés, surnommée la *Chambre introuvable*. crée des cours prévôtales qui jugent sommairement et sans appel ; elle suspend la liberté individuelle. Cette assemblée se montre d'un royalisme si exagéré que Louis XVIII la dissout, le 5 septembre 1816. Ces persécutions provoquent des conspirations. La plus importante est celle du Dauphiné dont les chefs principaux sont Didier, le capitaine d'artillerie Guillot de la Mure, etc. Vingt-cinq des insurgés sont exécutés (1816).

Ministère du duc de Richelieu (1815-1818). — Il inaugure une politique plus libérale. La nouvelle Chambre se montre modérée. Inquiet des progrès des libéraux, Richelieu veut se rapprocher des ultra-royalistes. Devant l'opposition du roi, il se retire (décembre 1818).

Ministère Decazes (1818-1820). — Ministère libéral. Il est remplacé à la suite de l'assassinat commis par Louvel sur le duc de Berry, le 13 février 1820. Ce meurtre jette de nouveau le gouvernement dans une voie anti-libérale. La veuve de la victime met au monde, le 29 septembre, le duc de Bordeaux, plus tard comte de Chambord.

Second ministère de Richelieu (1820-1821). — La liberté individuelle est suspendue. Nouvelle loi électorale donnant double vote aux censitaires de 1,000 francs. Les élections de 1821, favorables aux ultra-royalistes, amènent au pouvoir les chefs de ce parti.

Ministère Villèle (1821-1828). — Les libéraux fondent des sociétés secrètes. La plus puissante est celle du carbonarisme. De nombreux complots ont lieu contre le gouvernement qui répond par des exécutions continuelles. En 1822, quatre sergents de la Rochelle montent sur l'échafaud, ainsi que le général Berton, le colonel Caron, etc. Louis XVIII meurt le 16 septembre 1824.

EXPÉDITION D'ESPAGNE
(1823)

L'armée espagnole s'était révoltée contre la tyrannie de Ferdinand VII et, soutenue par les villes, l'avait contraint à se soumettre à la constitution des Cortès (1ᵉʳ janvier 1820). Le gouvernement français fait une expédition pour rendre à Ferdinand le pouvoir absolu, avec l'approbation de la ligue de la *Sainte-Alliance* formée par nos vainqueurs pour combattre les idées révolutionnaires en Europe. Le seul fait d'armes à citer est la prise de la forte position du Trocadéro (1823).

CHARLES X

(1824-1830)

Le comte d'Artois succède à son frère, sous le nom de Charles X.

Ministère Villèle (1821-1828). — Un milliard est accordé aux émigrés dont les biens avaient été aliénés ou confisqués Quelques lois anti-libérales sont rejetées par la chambre des pairs. Le gouvernement se rend de plus en plus impopulaire. La garde nationale ayant fait une manifestation contre le ministère, est licenciée (avril 1827). La Chambre est dissoute (mai 1827), mais des élections libérales causent la chute de Villèle (janvier 1828).

Ministère Martignac (1828-1829). — Ministère royaliste modéré. Peu aimé du roi, il ne tarde pas à tomber sous les attaques des ultra-royalistes et des libéraux (août 1829).

Ministère Polignac (1829-1830). — La Chambre des députés, dans une adresse votée par 221 voix, fait acte d'opposition à ce ministère ultra-royaliste (mars 1830). Elle est dissoute. De nouvelles élections renvoient à la Chambre les 221, avec cinquante autres membres de l'opposition. Charles X se décide à un coup d'Etat. Le 26 juillet, il publie des ordonnances supprimant la liberté de la presse, annulant les dernières élections et restreignant les droits électoraux.

Paris se soulève. Lutte de trois jours, le 27, le 28 et le 29 juillet. Les troupes sont repoussées. Charles X abdique et s'enfuit en Angleterre.

Guerres du règne de Charles X

EXPÉDITION DE GRÈCE
(1827-1830)

En 1821, les Grecs se révoltent contre l'oppression des Turcs et cherchent à recouvrer leur indépendance. En 1827, la France, l'Angleterre et la Russie font alliance et détruisent la flotte turque à *Navarin* (1827). 15,000 Français, commandés par le général Maison, s'emparent en Morée de toutes les villes occupées par les Musulmans (1828). En mai 1830, l'indépendance de la Grèce est reconnue.

EXPÉDITION D'ALGÉRIE
(1830)

En 1827, notre consul avait été frappé d'un coup d'éventail par le dey d'Alger, Hussein, qui avait refusé une réparation. Le 14 juin 1830, 37,000 hommes commandés par le lieutenant-général de Bourmont, débarquent à la pointe de Sidi-Ferruch, et remportent la victoire de *Staouëli* le 19 juin. Entrée dans Alger, le 5 juillet 1830, après la prise du fort de l'Empereur.

LOUIS-PHILIPPE Ier

(1830-1848)

Le 9 août, les chambres proclament roi le duc d'Orléans, chef de la branche cadette de la maison de Bourbon. Il prête serment à la charte revisée. C'est la bourgeoisie qui arrive au pouvoir.

Ministère libéral de Laffitte (1830-1831). — Procès des derniers ministres de Charles X qui sont condamnés à la prison perpétuelle (décembre 1830). Des troubles à Paris et en province jettent le roi dans le parti « de la résistance ».

Ministère autoritaire de Casimir Périer (1831-1832). — La Belgique se sépare de la Hollande et offre la couronne au duc de Nemours, deuxième fils de Louis-Philippe. Le roi la refuse, par crainte d'une guerre européenne. Les Belges prennent alors le duc Léopold de Saxe-Cobourg. — Les Autrichiens ayant pénétré dans les Etats pontificaux, nous occupons Ancône. L'Autriche retire ses troupes. — Les ouvriers de Lyon, poussés par la misère, se soulèvent et se rendent maîtres de la ville. A l'approche d'une armée, ils se soumettent (décembre 1831). La duchesse de Berry tente vainement de soulever la Vendée. Casimir Périer meurt du choléra (16 mai 1832).

Ministère de Broglie, Guizot et Thiers (1832-1836). — Insurrection des républicains pendant les obsèques du général Lamarque à Paris, le 5 et le 6 juin. — Le 22 juillet 1832, mort du duc de Reichstadt, fils de Napoléon Ier. — En 1834, quadruple alliance entre l'Angleterre, la France, l'Espagne et le Portugal pour soutenir les gouvernements constitutionnels d'Espagne et de Portugal. — Nouvelles insurrections, en avril 1834, à Lyon et à Paris. — En 1835, tentative d'assassinat contre le roi par Fieschi. — Le ministère subit plusieurs changements. En 1836, Thiers devient chef du cabinet. Il donne sa démission parce que le roi ne veut pas intervenir en Espagne où le gouvernement constitutionnel d'Isabelle est menacé par don Carlos, représentant de la légitimité.

Ministère Molé (1836-1839). — Le prince Louis Bonaparte, neveu de Napoléon Ier, essaie de soulever la garnison de Strasbourg le 28 octobre 1836. Il est expulsé. — La forteresse de Saint-Jean d'Ulloa est ruinée, pour châtier le Mexique qui a insulté la France (novembre 1838). — Louis-Philippe dissout la Chambre où s'est formé une coalition intéressée contre le ministère. Mais la coalition est victorieuse aux élections. Le ministère Molé se retire. — Tentative d'insurrection de Blanqui et Barbès (12 mai 1839).

Ministère Soult (1839-1840). — Démêlés avec la Russie et l'Angleterre, à propos de la question d'Orient.

Ministère Thiers (1840). — Le corps de l'Empereur est ramené en France. — Le 15 juillet 1840, traité de Londres, fait sans notre participation, qui ôte, malgré nous, la Syrie au pacha d'Egypte. A la suite de cette humiliation, Thiers fait commencer les fortifications de Paris, arme les places fortes et augmente l'armée. — Le 5 août 1840, Louis Bonaparte débarque à Boulogne pour tenter un nouveau soulèvement ; il est arrêté, condamné par la cour des pairs, et emprisonné au château de Ham. Il s'en échappe en 1846. — Le roi s'effraie de l'attitude belliqueuse de Thiers qui se retire.

Ministère Guizot (1840-1848). — Ministre autoritaire qui brave l'opinion publique. Après l'échec diplomatique que nous avons subi par le traité de Londres, il fait rentrer la France dans l'alliance des grandes puissances par le traité des détroits (1841). — Mort du duc d'Orléans (13 juillet 1842). — Nous occupons les îles Marquises, les îles de la Société et Mayotte. — Affaire de Pritchard, représentant anglais à Taïti, que notre contre-amiral Dupetit-Thouars a arrêté pour avoir excité les indigènes de l'île contre nous. L'Angleterre exige une indemnité qui est accordée.

Révolution de 1848. — Le ministère refuse d'accorder la réforme électorale réclamée depuis longtemps L'opposition organise 70 banquets dans les villes les plus importantes. Un banquet préparé à Paris, dans le XIIe arrondissement, pour le 22 février, est interdit par le gouvernement. Des rassemblements se forment aussitôt. Quelques conflits éclatent. Le roi cède, le 23 février au soir, et renvoie son ministère, mais un coup de feu ayant été tiré devant le ministère des affaires étrangères, un bataillon du 14e de ligne fait sur la foule une décharge qui atteint 52 personnes. Les faubourgs se soulèvent. Des barricades s'élèvent partout. Louis-Philippe abdique le 24 février, et s'enfuit en Angleterre ; il y meurt le 26 août 1850.

Guerres du règne de Louis-Philippe

EXPÉDITION DE BELGIQUE.
(1832)

En 1830, la Belgique se soulève pour obtenir sa séparation de la Hollande. Les puissances signataires du traité de Vienne déclarent le royaume des Pays-Bas dissous.

Le roi de Hollande, Guillaume 1er, n'accepte pas cette décision. Il refuse d'évacuer Anvers et les forts de l'Escaut laissés à la Belgique. La France intervient et envoie 50,000 hommes commandés par le maréchal Gérard. Siège d'Anvers qui capitule au bout d'un mois (23 décembre 1832). En 1839, l'indépendance de la Belgique est reconnue par toutes les puissances, à la conférence de Londres.

CONQUÊTE DE L'ALGÉRIE
(1830-1847)

Après la prise d'Alger, les Français s'étaient emparés de Bône et d'Oran. Le maréchal Bourmont est remplacé, en 1830, par le général Clauzel.

Clauzel s'empare de Blidah et de Médéah (1831). Il négocie avec le bey de Tunis, mais il est désavoué et rappelé.

Berthézène (février 1831) n'a pas assez de troupes. Aussi Médéah est abandonné et nous sommes presque bloqués dans Alger.

Savary, duc de Rovigo (décembre 1831), s'empare de Bône. Il montre une rigueur inexorable contre les indigènes. Il crée la légion étrangère, les zouaves, les tirailleurs indigènes, les chasseurs d'Afrique.

Voirol (avril 1833) organise les bureaux arabes. Il fait occuper Bougie. Le général Desmichels, commandant à Oran, commet la faute de reconnaître, comme émir Abd el Kader, jeune marabout intelligent et hardi, qui prêche la guerre sainte contre nous.

Drouet d'Erlon (juillet 1834) est nommé gouverneur général. Il envoie à Oran le général Trézel qui entre en lutte avec Abd el Kader, mais qui est défait à la Macta (26 juin 1835).

Le maréchal Clauzel (août 1835), accompagné du duc d'Orléans, bat Abd el Kader sur le Sig, et s'empare de Mascara sa capitale. Une autre colonne prend Tlemçen. L'émir est encore défait au combat de la Sickach, le 6 juillet 1836, par Bugeaud. Le maréchal Clauzel tente de s'emparer de Constantine, la plus forte place d'Afrique, avec 8,000 hommes seulement. Il échoue et fait une retraite pénible dans laquelle se distingue le chef de bataillon Changarnier qui commande l'arrière-garde. — En 1837, Bugeaud conclut avec Abd el Kader le traité désavantageux de la Tafna : l'émir reconnaissait la suzeraineté de la France, mais nous lui laissions les provinces d'Oran, et nous ne gardions qu'Alger, la plaine de la Métidja, Mostaganem, Mazagran, Oran, Arzew.

Damrémont (avril 1837) dirige une seconde expédition contre Constantine qui est prise le 13 octobre 1837. Damrémont, tué la veille de l'assaut, fut remplacé par le général Valée. Ce succès entraîne la soumission de presque tout le beylik de Constantine et de la plus grande partie de l'ancienne régence d'Alger.

Le maréchal Valée occupe Blidah et Sétif et crée le port de Philippeville. Il achève la conquête de la province de Constantine par une expédition à travers le Djurjura, dans le défilé du Biban (1839). Abd el Kader, alarmé, se soulève, mais il est battu (1). Médéah et Milianah sont occupés (1840).

Bugeaud (janvier 1841) obtient un corps d'occupation de 90,000 hommes (2). Les places de l'émir sont prises, et il est refoulé sur le Maroc (1842). Le 16 mars 1843, le général Iusuf et le duc d'Aumale enlèvent, près d'Aïn Taguin, la smalah d'Abd el Kader. Ce dernier se réfugie près de l'empereur du Maroc (Abd-er-Rhaman) et l'entraine à nous déclarer la guerre. L'escadre, commandée par le prince de Joinville, bombarde Tanger et Mogador. Le maréchal Bugeaud bat complètement 25,000 cavaliers et 10,000 fantassins marocains sur les bords de l'Isly, avec 12,000 hommes habilement disposés en carrés et en losanges (14 août 1844). L'empereur du Maroc conclut la paix et renvoie l'émir qui continue la guerre encore pendant trois ans.

Le maréchal Bugeaud, fait duc d'Isly, lance jusqu'à quatorze colonnes contre l'insurrection.

---

(1) Il faut citer la belle défense de Mazagran, du 2 au 6 février 1840, soutenue par le capitaine Lelièvre et 123 soldats contre 12.000 Arabes commandés par Mustapha Ben Tchamy.

(2) Le 11 avril 1842, combat héroïque de Mered livré par le sergent Blandan, du 26e de ligne, avec 22 hommes contre 300 Arabes.

Ne se trouvant pas assez secondé par le gouvernement, il demande son rappel. Il est remplacé par le duc d'Aumale en septembre 1847.

Enfin, Abd el Kader est cerné par Lamoricière à Sidi-Brahim et contraint de se rendre (25 décembre 1847).

Il est enfermé au château de Pau, puis à celui d'Amboise. On lui a rendu la liberté en 1852, et il s'est retiré en Syrie.

La prise d'Abd el Kader marque la fin de la grande guerre. Depuis cette époque, nous avons eu à combattre cependant de nombreux soulèvements. Le 26 novembre 1849, un assaut terrible contre Zaatcha a coûté au général Herbillon 1,500 tués ou blessés. Trois ans après, le général Pélissier a emporté l'oasis de Laghouat (4 décembre 1852). Pour obtenir la soumission de la grande et de la petite Kabylie, plusieurs expéditions ont été faites, en 1851 par le général de Saint-Arnaud, en 1853 et 1854 par le gouverneur général Randon. Deux insurrections importantes ont eu lieu encore en 1871 et en 1881.

Ces révoltes partielles n'ont plus la même gravité. On peut affirmer que la domination française est solidement établie pour toujours.

RÉPUBLIQUE FRANÇAISE

(1848-1852)

Le 24 février, un gouvernement provisoire, composé de Dupont (de l'Eure), Arago, Lamartine, Crémieux, Ledru-Rollin, Marie, Garnier-Pagès, Marrast, Flocon, Louis Blanc et l'ouvrier Albert, s'installe à l'hôtel-de-ville et proclame la République. La Chambre est dissoute. Il est créé des ateliers nationaux pour fournir de l'ouvrage aux nombreux ouvriers sans travail (26 février).

ASSEMBLÉE CONSTITUANTE

(1848 — 1849)

Le 23 avril 1848, de nouvelles élections ont lieu par le suffrage universel et au scrutin de liste. Le 4 mai, l'Assemblée constituante se réunit et confie le pouvoir exécutif à une commission composée de Arago, Garnier-Pagès, Marie, de Lamartine et Ledru-Rollin.

Journée du 15 mai 1848. — La Pologne tente un nouveau soulèvement réprimé avec barbarie par la Prusse et l'Autriche. Une manifestation pacifique a lieu en faveur des Polonais. Blanqui, Barbès, Albert et quelques chefs républicains avancés cherchent à en profiter pour renverser le gouvernement. Ils envahissent la Chambre, mais la garde nationale rétablit l'ordre. Les principaux insurgés sont arrêtés.

Journées de juin 1848. — Dissolution des ateliers nationaux : 110,000 ouvriers se trouvent sur le pavé, sans travail et sans argent. Le 23, le 24 et le 25 juin, une lutte terrible s'engage, dans les rues de Paris, entre les ouvriers insurgés et la troupe. L'Assemblée contraint la commission exécutive à démissionner, et donne la dictature au général Cavaignac qui est nommé ensuite chef du pouvoir exécutif. Le 25, le général Bréa est assassiné. Cinq généraux, deux représentants et l'archevêque de Paris sont tués. Le nombre des victimes est évalué à 1,035 morts et à 1,073 blessés (Rapport du préfet de police).

La Chambre décide que le pouvoir exécutif sera confié à un président de la République nommé par le suffrage universel (9 octobre). Le 10 décembre 1848, Louis Bonaparte est élu président par 5,434,226 voix. La Constituante se sépare le 26 mai 1849.

ASSEMBLÉE LÉGISLATIVE

(1849-1851)

Aux nouvelles élections du 8 mai 1849, les républicains sont en minorité. Le 13 juin, échoue une insurrection tentée par le chef de l'opposition républicaine, Ledru-Rollin, qui s'enfuit.

Cette échauffourée est occasionnée par les affaires de Rome.

Louis Bonaparte avait envoyé des troupes en Italie, sous les ordres du général Oudinot, pour renverser la République romaine. Les Français assiégèrent Rome, défendue opiniâtrement par Garibaldi, et y entrèrent le 2 juillet 1849. Le Pape fut replacé sur son trône, où il a été maintenu par nous jusqu'en septembre 1870. A la suite de la tentative du 13 juin, des journaux sont supprimés, des imprimeries saccagées et 33 représentants décrétés d'arrestation.

En 1850, vote de la loi du 31 mai qui supprime trois millions d'électeurs.

Coup d'Etat du 2 décembre 1851. — Le 2 au matin, les principaux membres de l'Assemblée sont arrêtés chez eux; le palais de l'Assemblée est occupé par la troupe. Le Président de la République dissout la Chambre et rétablit le suffrage universel; il propose, dans un manifeste, une nouvelle constitution avec un chef responsable élu pour 10 ans. Le peuple de Paris demeure indifférent. Le 3 seulement, s'organise une tentative de résistance au coup d'Etat Le député Baudin se fait tuer. Le 4, la troupe occupe tout Paris, après une fusillade sur les boulevards. Les pertes de la population furent, d'après le *Moniteur*, de 380 morts. Plusieurs départements qui se soulevèrent, furent mis en état de siège. De nombreuses arrestations eurent lieu. Les prisonniers furent jugés par des commissions mixtes qui frappèrent 20,000 personnes environ de diverses peines (Rapport de M. de Maupas, préfet de police). 82 députés furent exilés. Le plébiscite, qui eut lieu les 20 et 21 décembre, approuva le coup d'Etat par 7,439,216 *oui*.

Le 14 janvier 1852, fut promulguée la Constitution nouvelle, faite par le « prince président »; elle instituait un Corps législatif, élu par le suffrage universel, mais qui n'avait droit ni d'initiative, ni d'interpellation, ni même d'amendement. Elle créait aussi un Sénat et un Conseil d'Etat dont les membres étaient nommés par le chef de l'Etat.

Le 22 janvier, consfication d'une partie des propriétés de la famille d'Orléans (40 millions environ).

NAPOLÉON III
(1852-1870)

1852. — Le Sénat adopte un sénatus-consulte rétablissant l'empire en faveur de Louis Bonaparte (7 novembre). Cette décision est soumise à l'approbation du peuple par un nouveau plébéciste qui donne 7,824,129 votes approbatifs. L'Empire est proclamé le 2 décembre.

1853. — Le 29 janvier, mariage de l'Empereur avec Mlle Eugénie de Montijo, fille d'un général espagnol. Le 20 septembre, prise de possession, par la France, de l'île de la Nouvelle Calédonie. Le 30 novembre, signature du traité qui concède à M. de Lesseps le percement de l'isthme de Suez. M. Haussmann est nommé préfet de la Seine. Il transforme la capitale par de nombreuses démolitions et des constructions luxueuses.

1855. — Le Corps législatif vote des modifications à la loi sur le recrutement de 1832. Il conserve le remplacement militaire, mais le monopole en est attribué à l'Etat. Exposition universelle aux Champs-Elysées.

1856. — Le 16 mars, naissance du prince impérial Sénatus-consulte organisant la régence en cas de mort de l'Empereur.

1857 — Elections pour un nouveau Corps législatif. Mort de Béranger et du général Cavaignac. Institution de la médaille de Sainte-Hélène, pour tous les soldats du premier Empire.

1858. — Le 14 janvier, attentat à la vie de l'Empereur au moyen de bombes fulminantes. Le chef du complot, Orsini, Italien fanatique, est guillotiné. C'était le troisième complot formé par des Italiens contre l'Empereur.

Le 1er février, le Corps législatif vote une loi de sûreté générale à la suite de laquelle 2,000 personnes environ sont arrêtées en France. 4 à 500 sont déportées en Algérie.

Après une lutte de trois ans, le lieutenant-colonel Faidherbe signe un traité de paix avec le Sénégal et prend possession des territoires.

1859. — Mariage du prince Napoléon avec la princesse Clotilde, fille de Victor-Emmanuel. — Le 15 août, amnistie pour les crimes et délits politiques.

1861. — Mort du roi de Prusse, Frédéric-Guillaume IV, auquel succède Guillaume Ier, le futur empereur d'Allemagne.

1863. — Elections pour un nouveau Corps législatif. L'opposition, qui n'avait que cinq représentants dans la dernière assemblée, fait élire 35 députés. — M. Rouher est nommé ministre d'Etat (octobre).

1865. — Mort du duc de Morny, président du Corps législatif (10 mars).

1866. — Le 15 septembre 1864, Napoléon III avait conclu avec le roi d'Italie une convention en vertu de laquelle il devait retirer le corps français occupant Rome dans un délai de deux ans, à condition que l'Italie n'attaquerait pas le territoire pontifical et le défendrait contre toute attaque de l'extérieur. En décembre 1866, nos troupes évacuent Rome.

1867. — La guerre est sur le point d'éclater

entre la France et la Prusse, à propos de la forteresse du Luxembourg dont le roi des Pays-Bas et les Prussiens se disputent l'occupation. Napoléon III va conclure l'achat des droits du roi des Pays-Bas sur la forteresse, quand ce dernier dévoile les négociations à la Prusse. Un conflit se produit. Mais les puissances signataires du traité de 1814 organisent la réunion d'une conférence à Londres, et décident, le 11 mai 1867, que le roi des Pays-Bas conservera la souveraineté du grand-duché, et que la garnison prussienne évacuera la forteresse. — Abolition de la contrainte par corps, sauf pour les dettes envers l'Etat (15 avril). — Brillante exposition universelle au Champ de Mars. Elle est visitée par de nombreux souverains, entre autres par le czar Alexandre II qu'un Polonais, Bérézowski, tente d'assassiner (6 juin). — Garibaldi ayant réuni des volontaires pour marcher sur Rome, Napoléon III envoie des troupes au secours du Pape. Elles livrent un combat meurtrier aux garibaldiens à Mentana (3 novembre). Cette affaire cause en Italie une grande irritation contre la France. Une division reste à Civita-Vecchia et à Viterbe. — En Algérie, épouvantable famine qui fait périr 2 à 300,000 victimes — Le Corps législatif et le Sénat votent une nouvelle loi sur le recrutement, due au maréchal Niel, en remplacement de celle du 21 mars 1832. Neuf années de service, dont quatre dans la réserve. Le remplacement est rétabli comme dans la loi de 1832. Une garde nationale mobile est organisée par département; elle est composée des jeunes gens non compris dans le contingent ou exemptés, et de ceux qui désireraient en faire partie après libération (14 janvier 1868). On comptait avoir ainsi 400,000 hommes d'armée active, 400,000 hommes de réserve et 400 à 450,000 hommes de garde mobile. Malheureusement, le maréchal Niel mourut le 13 août 1869, et l'organisation de la garde mobile fut abandonnée.

1869. — Elections générales le 23 et le 24 mai. Les partisans du gouvernement réunissent 4,636,713 voix contre 3,266,366 données à ses adversaires. Ces progrès de l'opposition entraînent l'Empereur à adopter une politique plus libérale consacrée par le sénatus-consulte du 8 septembre. M. Rouher quitte le ministère et prend la présidence du Sénat (juillet). — Le 13 novembre, inauguration du canal de Suez construit par M. de Lesseps.

1870. — Le 2 janvier, ministère d'Emile Ollivier, un des cinq membres de l'opposition de 1857. Le maréchal Lebœuf a le portefeuille de la guerre. — M. Haussmann est remplacé. — Le 10 janvier, meurtre de Victor Noir, commis par le prince Pierre Bonaparte qui est acquitté par une haute cour de justice réunie à Tours (25 mars). — Le 20 avril, un sénatus-consulte, élaboré par le nouveau conseil et fixant les réformes libérales, est soumis à l'approbation des électeurs. Le plébiscite du 8 mai donne 7,358,786 *oui* contre 1,571,939 *non*. — Le 19 juillet, déclaration officielle à la Prusse de l'état de guerre. Le 27, la régence est confiée à l'Impératrice. Le 9 août, le Corps législatif contraint le ministère Ollivier à se retirer. Il est remplacé par le ministère du général de Palikao

(9). Le général Trochu est nommé gouverneur de Paris (17). Le 4 septembre, à la suite de la nouvelle du désastre de Sedan, le peuple de Paris envahit le Corps législatif et les Tuileries. L'Impératrice s'enfuit en Angleterre. La République est proclamée. Un gouvernement provisoire se constitue, sous le titre de « Gouvernement de la Défense nationale ». Il est composé de Jules Favre, Gambetta, du général Le Flô, de l'amiral Fourichon, de Crémieux, Ernest Picard. Jules Simon, Dorian, Magnin. La présidence du gouvernement est donnée au général Trochu. Un décret abolit le Sénat et prononce la dissolution du Corps législatif.

Guerres du second Empire

GUERRE DE CRIMÉE
(1854-1856)

En 1853, le czar Nicolas exige de la Turquie l'extension du protectorat — que la Russie exerçait en Palestine sur les catholiques du rite grec — à tous les catholiques grecs de l'empire ottoman. Cette demande exorbitante, qui était le prétexte d'une guerre de conquête préméditée depuis longtemps, est repoussée par le Sultan. La guerre commence entre les deux puissances.

Omer-Pacha, avec 130,000 hommes, tient en échec les Russes sur le Danube ; il les bat à Oltenitza et les repousse à Kalafat.

L'armée russe obtient, de son côté, quelques avantages en Asie mineure. Le 30 novembre 1853, la flotte turque est détruite à Sinope par l'amiral Nakhimof.

Le 10 avril 1854, la France et l'Angleterre font alliance contre la Russie.

En mai, la flotte anglo-française entre dans la Baltique, et le général Baraguey d'Hilliers s'empare de Bomarsund le 16 août.

Les Russes franchissent le Danube, mais ils échouent devant Silistrie et subissent de grandes pertes par la maladie. Les alliés ont ainsi le temps d'organiser la défense dans la presqu'île de Gallipoli. Les Russes renoncent à prendre l'offensive (juillet 1854). Le 21 juillet, les trois premières divisions de l'armée française tentent une expédition dans la Dobrutscha Elle échoue, par suite du choléra qui nous fait perdre 5,500 hommes sur 10,000. L'expédition de Crimée est décidée.

Le 22 avril, la flotte anglaise bombarde Odessa où elle brûle les vaisseaux du port militaire.

Expédition de Crimée

Le 14 septembre, les troupes alliées débarquèrent en Crimée à Old-Fort, au sud d'Eupatoria. L'armée alliée s'élevait à 58,000 hommes, dont 30,204 Français commandés par le maréchal de Saint-Arnaud, 21,000 Anglais sous les ordres de lord Raglan, et 7,000 Turcs. L'armée russe défendant la Crimée, comptait 50,000 combattants.

Bataille de l'Alma (20 *septembre*). Les Russes sont surpris de cette attaque, mais ils cherchent à résister à l'invasion. Le général Menchikoff prend position sur la berge gauche de la petite rivière de l'Alma, où il trouve un plateau de 100 à 120 mètres d'élévation, se terminant par des pentes abruptes sur la rivière qui ne présente que cinq points de passage La position générale des Russes est perpendiculaire à la route d'Eupatoria à Sébastopol.

Les alliés placent à droite la division Bosquet, ayant derrière elle la division turque ; au centre les divisions de Canrobert et du prince Napoléon sur deux lignes, et à gauche l'armée anglaise. La réserve d'artillerie marche derrière la division Canrobert, et la division Forey derrière la division du prince Napoléon. La cavalerie couvre le flanc extérieur.

Les Anglais, par leur lenteur, retardent l'attaque. Enfin, à 11 heures, la division Bosquet franchit l'Alma et se déploie sur le flanc gauche des Russes. Alors, le centre escalade aussi la hauteur et se relie à la division Bosquet. Mais les Anglais n'avancent pas ; ils bordent seulement l'Alma, et subissent de grandes pertes. Le centre de l'armée alliée donne l'assaut à la position du télégraphe où se sont retranchés les Russes. Elle est emportée par les Français, et la retraite du centre de l'ennemi entraîne celle de son aile droite. La victoire n'est pas complète, car les Russes ne sont pas poursuivis par la cavalerie ; ils se retirent sur Sébastopol, ayant perdu 5,709 hommes. La perte des alliés est de 3,295 hommes.

Siège de Sébastopol — Le 29 septembre, le maréchal de Saint-Arnaud meurt du choléra. Il est remplacé par le général Canrobert. Le 17 octobre, commence le siège régulier de Sébastopol. Menchikoff, après avoir laissé 30,000 hommes dans Sébastopol, s'est porté sur la route de Simphéropol à Batchi-Séraï, pour menacer le flanc et les derrières des alliés et maintenir ses communications avec la Russie. A Sébastopol, l'amiral Kornilof, secondé par l'amiral Nakhimof et le lieutenant-colonel Todleben, organise la défense et barre l'entrée de la rade en coulant des vaisseaux de guerre.

Le 17 octobre, les alliés commencent le bombardement, mais il est impuissant. Les Russes ont l'avantage du feu. L'amiral Kornilof est tué.

Les Français reçoivent la 5e division et de la cavalerie.

Balaclava (25 octobre). — Les Russes sont également renforcés de trois divisions. Menchikoff dirige une attaque contre la base d'opérations des Anglais. L'ennemi enlève quelques redoutes des Turcs, devant la droite du corps d'observation, mais bientot il est contenu, puis repoussé. Une charge héroïque et mal dirigée, de la brigade légère du comte Cardigan, coûte à la cavalerie anglaise la moitié de son effectif.

Inkermann (5 novembre). — En novembre, les Russes ont 90.000 hommes contre 70,000 de l'armée alliée. Ils en profitent pour tenter une attaque contre les lignes anglaises qui sont mal fortifiées et mal gardées. L'armée anglaise formait la droite du corps de siège, entre le ravin du port du sud et les hauteurs d'Inkermann, tandis que les Français formaient la gauche entre le même ravin et la mer. Les Russes attaquent avec deux colonnes qui, par un malentendu, s'entassent sur la tête du mont Sapoun, dans un espace d'un kilomètre à peine. Malgré cette faute, les Anglais surpris vont être écrasés, lorsque les Français accourent à leur aide. Le général Bosquet, attaqué au même instant par des troupes de la place, a compris que cette attaque de la Tchernaïa n'était qu'une démonstration, et il a envoyé au secours des Anglais deux brigades qui forcent les Russes à battre en retraite, après une lutte acharnée. Les alliés perdent 4,298 hommes, et l'ennemi 11,959.

Continuation du siège — Les troupes alliées ont cruellement à souffrir du froid et des maladies. Le général russe Todleben dirige très habilement les travaux de défense de Sébastopol, aussi l'attaque fait-elle peu de progrès.

L'armée française reçoit de nombreux renforts. Vers la fin de janvier 1855, elle compte 75,000 hommes, mais les Anglais n'en ont guère que 27,000, dont la moitié seulement disponible.

En février, les Turcs, qui ont 20,000 hommes occupant Eupatoria, repoussent avec succès une attaque de 30,000 Russes.

Le 2 mars 1855, l'Empereur Nicolas meurt. Son fils, Alexandre II, annonce sa ferme intention de continuer la guerre.

Le 9 avril, les alliés tentent un nouveau bombardement qui, quoique plus efficace que le premier, est encore insuffisant. On exécute de nouveaux travaux, dirigés surtout contre Malakoff qui est la clef de la place.

Le 16 mai, le général Pélissier remplace comme commandant en chef le général Canrobert qui se place sous ses ordres.

Un corps piémontais de 15,000 hommes est envoyé par Victor-Emmanuel aux alliés.

Le 7 juin, le général Bosquet enlève des ouvrages importants que les Russes sont venus établir en avant de leur enceinte : les Ouvrages

Blancs et l'ouvrage du Mamelon-Vert. Mais, le 18 juin, nous échouons à l'attaque de Malakoff qui nous fait perdre 3,500 hommes et 1,700 aux Anglais.

Le 28 juin, lord Raglan meurt du choléra. Il est remplacé par le général Simpson.

Bataille de Traktir (16 août). — Les Russes, sous les ordres de Gortchakoff qui a remplacé Menchikoff, tentent une nouvelle attaque contre notre corps d'observation qui est installé sur la ligne de hauteurs de la rive gauche de la Tchernaïa. Les Piémontais forment la droite, les Français la gauche. A l'extrême droite, les Turcs gardent la haute vallée. Le corps d'observation possède en tout 40,000 hommes. Les Russes lancent 50,000 hommes en trois corps. La gauche et le centre des alliés repoussent une première attaque, et les Piémontais la contiennent. Les Russes, avec leur réserve, font une deuxième tentative qui échoue également. Ils perdent 8,270 hommes, et les alliés 1,747.

Prise de Sebastopol (8 septembre). — Les alliés se sont renforcés. Ils ont mis en batterie environ 800 bouches à feu contre les 1,380 des Russes. Les cheminements arrivent à 30 mètres environ de Malakoff. L'assaut est décidé, et, pour le préparer, un bombardement terrible a lieu. Enfin, le 8 septembre à midi, les colonnes s'élancent. Malakoff est emporté par le général Mac-Mahon qui s'y établit solidement. Les autres attaques échouent, mais la prise de Malakoff décide les Russes à la retraite après une lutte acharnée. Ils font sauter une partie des ouvrages, incendient les maisons, n'abandonnant que des ruines. Ils laissent 12,913 tués ou blessés. Les alliés perdent 10,067 hommes.

Les généraux Pélissier, Canrobert et Bosquet sont promus maréchaux de France.

Après Sébastopol, le général Bazaine s'empare de Kinburn, à l'embouchure du Dniéper.

En Arménie, les Russes, sous les ordres de Mourawieff, s'emparent de Kars, le 27 novembre 1855, après un long et mémorable siège.

Les Français ont perdu dans cette guerre 96,615 hommes, dont 20,240 par le feu.

Traité de Paris (30 mars 1856)

Le traité de paix est signé à Paris par les principales puissances européennes, après un congrès. La navigation de la mer Noire et du Danube est neutralisée. Les principautés danubiennes restent sous la suzeraineté de la Turquie. Une déclaration complémentaire règle les questions relatives à la course maritime, aux droits des neutres et aux blocus.

GUERRE D'ITALIE

(1859)

Le Piémont et l'Autriche se disputent la domination des différents Etats de l'Italie. Cavour, ministre de Victor-Emmanuel, obtient en 1858 l'alliance de Napoléon III, auquel il promet secrètement le comté de Nice et la Savoie. La Russie et l'Angleterre cherchent à empêcher une guerre par la réunion d'un congrès, mais l'Autriche envoie brusquement au Piémont un ultimatum menaçant, pour lui ordonner de désarmer dans un délai de trois jours. Le Piémont refusant, l'Autriche commence la guerre le 26 avril 1859.

L'armée autrichienne, sous les ordres du général Giulay, avait, au début de la guerre, 120,000 hommes, tandis que les Piémontais n'en avaient que 60,000 ; une offensive prompte lui permettait donc d'écraser ces derniers et de s'opposer ensuite au passage de l'armée française qui s'apprêtait à déboucher par deux directions fort excentriques : les routes du Mont-Cenis et du Mont-Genèvre et la place de Gênes. Mais les Autrichiens perdent un temps précieux ; les alliés se concentrent, s'organisent et peuvent, vers le 20 mai, prendre l'offensive à leur tour.

L'armée française comprend 115,000 hommes et 312 bouches à feu. Elle est divisée en cinq corps : le 1er sous Baraguey d'Hilliers, le 2e sous Mac-Mahon, le 3e sous Canrobert, le 4e sous Niel, le 5e sous le prince Napoléon. La garde impériale est commandée par Regnaud de Saint-Jean-d'Angély. L'Empereur prend le commandement général de toutes les troupes.

En arrivant à Gênes le 12 mai, il a trouvé l'armée alliée disséminée sur une trop grande ligne, de Voghera aux environs de Verceil, par Valence et Casal. Il ordonne une concentration. Giulay, croyant que les Français descendent la rive droite du Pô et marchent sur Plaisance, renforce sa gauche et fait exécuter une forte reconnaissance sur Voghera.

Montebello (20 *mai*). — Le général autrichien envoie 25,668 hommes, en trois colonnes avec une réserve, pour exécuter cette reconnaissance. Le général Forey, averti de leur approche, prend l'offensive, quoiqu'il n'ait que 8,227 hommes. L'action principale a lieu dans le village de Montebello dont nous nous emparons. A 6 heures du soir, l'ennemi bat en retraite, après avoir perdu 1,423 hommes, tandis que les Français n'en perdent que 723.

Napoléon III prend l'offensive. Les deux armées ennemies se font face. Les Autrichiens occupent un front d'environ 60 kilomètres derrière l'Agogna, les Français sont concentrés autour d'Alexandrie, et les Sardes sont derrière la Sésia. Pour tromper Giulay, l'Empereur a d'abord réuni les quatre premiers corps et la garde sur son aile droite puis, au moyen des routes et des chemins de fer, il a fait exécuter, du 28 au 31 mai, une marche de flanc par la gauche pour tourner la droite de l'ennemi.

Palestro (30 et 31 mai). — Pour faciliter ce mouvement, l'armée sarde a attaqué le 30, à Palestro, les Autrichiens qui, le lendemain prennent à leur tour l'offensive, mais sans succès. Les deux jours de combats leur coûtent 2,500 hommes.

Bataille de Magenta (4 juin). — Les Français continuent leur mouvement tournant. Le 2ᵉ corps, sous les ordres de Mac-Mahon, et une division franchissent le Tessin à Turbigo, le 2 juin. Les Autrichiens abandonnent alors le Tessin et se retirent derrière Naviglio-Grande. Le 4 juin, leur aile droite fait face au nord, en avant de Magenta ; leur centre fait face à l'ouest derrière le canal, et leur aile gauche, qui comprend le gros de l'armée, est à Abbiate-Grasso, face au nord, pour nous prendre en flanc. Dès neuf heures du matin, le général de Mac-Mahon se dirige sur Magenta et refoule l'ennemi, mais il suspend son attaque de 1 heure à 4 heures. Le centre de l'armée franco-sarde cherche, pendant ce temps, à s'emparer des passages sur le canal aux villages de Buffalora et de Ponte-Nuovo di Magenta; par suite de l'arrêt du général Mac-Mahon, il a à lutter contre des forces supérieures et se trouve un instant compromis. Mais, vers 4 heures, lorsque Mac-Mahon reprend son mouvement offensif, l'aile gauche et le centre de l'armée alliée se rejoignent, convergent sur Magenta qui est emporté. La victoire est décisive. Les Autrichiens perdent 10,226 hommes dont 1,368 morts, et les Français 4,530 hommes, dont 657 morts. Dans cette bataille, les Autrichiens n'avaient mis en ligne que 60,000 combattants et les alliés que 50,000.

L'armée franco-sarde entre dans Milan. Les Autrichiens se retirent derrière l'Adda et enfin derrière le Mincio, n'ayant eu à subir que le combat de Melegnano (8 juin). L'empereur d'Autriche François-Joseph prend le commandement de ses troupes qui comptent alors 180,000 hommes et 800 bouches à feu.

Solférino (24 juin). — Les deux armées ennemies prennent en même temps l'offensive: les Autrichiens franchissent le Mincio et l'armée franco-sarde, la Chièse. 160,000 Autrichiens et 140,000 Français et Piémontais se heurtent sur une ligne d'environ 20 kilomètres, sans qu'on eût prévu cette rencontre. Le combat principal a lieu à Solférino, qui est notre objectif, où les Autrichiens se sont retranchés solidement dans la tour, sur la colline des cyprès et dans le cimetière. Après un combat meurtrier, la division Bazaine emporte d'assaut le cimetière et les maisons du village, tandis que le bataillon de chasseurs de la garde pénètre par le sud.

L'aile gauche et le centre de l'armée franco-sarde avaient fait un mouvement offensif, tandis que l'aile droite avait été obligée de rester sur la défensive, ayant à lutter contre des forces supérieures. La retraite générale de l'ennemi fut protégée par un violent orage.

Le succès de cette journée est dû à la brillante valeur de nos soldats et au manque d'ensemble et de cohésion des corps autrichiens. L'ennemi perdit 21,736 hommes, les alliés 17,191.

Pendant cette guerre, nous avions employé l'artillerie rayée, qui paraissait pour la première fois en rase campagne et qui nous avait donné une grande supériorité sur l'artillerie autrichienne.

L'intervention de la France en Italie lui a coûté 20,808 hommes hors de combat, dont 2,626 tués et 1,128 disparus.

Traité de Zurich

(10 novembre 1859).

Le 11 juillet, Napoléon III et François-Joseph avaient eu une entrevue à Villafranca, et avaient signé des préliminaires de paix, mais le traité définitif fut signé à Zurich. L'Autriche conservait la Vénétie et le Quadrilatère, et abandonnait la Lombardie au Piémont. Les deux empereurs s'engageaient à favoriser la formation d'une confédération italienne, où entrerait la Vénétie, sous la présidence honoraire du pape.

Ce traité mécontenta les Italiens qui aspiraient à l'unité. Parme, Modène, la Toscane et les Romagnes, qui avaient expulsé leurs souverains, demandèrent à Victor-Emmanuel de les admettre sous son gouvernement. L'annexion de l'Italie centrale fut accomplie au mois de mars 1860. La même année, Garibaldi, avec des volontaires, s'empara de la Sicile, de la Calabre et entra dans Naples. Victor-Emmanuel profita de ces succès pour intervenir. En 1861, François II, roi de Naples, se sauva de ses Etats conquis tout entiers par les Sardes. Le royaume d'Italie fut déclaré constitué.

Napoléon III avait consenti à abandonner son projet de confédération italienne, mais il avait réclamé la Savoie et le comté de Nice. Un plébiscite eut lieu dans ces deux provinces qui votèrent avec enthousiasme leur annexion à la France (15 et 24 août 1860).

EXPÉDITION DE SYRIE
(1860)

En 1860, les Druses (mahométans) avaient massacré en Syrie les Maronites (catholiques). Abd el Kader, retiré à Damas, s'était porté, avec ses Algériens, au secours des Maronites et en avait sauvé un grand nombre. Les atrocités commises par les Druses excitèrent une grande indignation. Napoléon III, d'accord avec les grandes puissances, envoya 6,000 hommes en Syrie (8 août). Mais le Sultan avait déjà pacifié le pays quand nos troupes arrivèrent. Elles eurent peu de chose à faire, et se retirèrent en juin 1861.

GUERRE DE CHINE

(1860)

Plusieurs traités avaient assuré à l'Angleterre, puis à la France et à l'Amérique, le droit d'entrée dans les cinq grands ports chinois : Canton, Shanghaï, Fou-Tchéou, Hanoï et Ning-Po. La mauvaise foi de la Chine avait obligé la France et l'Angleterre aux expéditions de 1857 et de 1858, à la suite desquelles furent signés les traités de Tien-Tsin (26 et 27 juin 1858).

Mais lorsque les ambassadeurs des puissances alliées voulurent se rendre à Pékin, ils trouvèrent l'entrée du Peï-Ho barrée et défendue. L'escadre anglaise qui les portait fut contrainte de se retirer, après avoir subi quelques pertes.

L'Angleterre envoie un corps de 12,500 hommes, auquel nous joignons 7,500 hommes commandés par le général Cousin de Montauban. Le 1er août 1860, l'armée alliée débarque à l'embouchure de Peh-Thang, s'empare des ouvrages de Sin-ko, du camp retranché de Tang-ko, des forts et du camp retranché de Ta-kou, à l'embouchure du Peï-Ho (du 12 au 22 août), puis elle occupe Tien-Tsin. Elle marche ensuite sur Pékin par la vallée du Peï-Ho. Le 18 septembre, une nombreuse armée tartare est mise en déroute à Thang-Kia-Ouang. Le 21, les alliés remportent une autre victoire à Pa-li-kao. Le 5 octobre, 8,000 Français ou Anglais bivouaquent aux portes de Pékin. L'empereur de Chine est en fuite. Le 6, prise du palais d'Eté qui est mis au pillage. Le 13, les alliés entrent dans Pékin.

Nous avons perdu en Chine 444 hommes

morts, dont 399 aux hôpitaux. Nombre de blessés : 271.

Nouveau traité, le 25 octobre. — La Chine paie une indemnité de 120 millions (60 millions pour la France), et fait d'avantageuses conditions commerciales. Elle rend les établissements religieux aux chrétiens, et leur accorde la liberté du culte catholique.

GUERRE DE COCHINCHINE

(1858-1862)

La France engage cette guerre de concert avec l'Espagne, pour venger des missionnaires chrétiens. Après la prise de Tourane, on s'empare de Saïgon (septembre 1858). L'amiral Rigault de Genouilly s'arrête, faute de ressources. La guerre d'Italie et celle de Chine ne permettent plus de lui envoyer des renforts. Il est relevé, le 7 février 1861, par le vice-amiral Charner qui arrive avec des forces plus considérables. Le corps expéditionnaire compte environ 4,000 Français et 1,000 Espagnols. Le 24 février, les lignes cochinchinoises de Kihna sont emportées. Toute la province de Saïgon est soumise. Le 27, on s'empare de Mythô.

Le 5 juin 1862, un traité assure la liberté du culte chrétien dans l'empire d'Annam, et cède à la France les provinces de Saïgon, Bienhoa et Mythô.

Nous avons obtenu les trois autres provinces de la Cochinchine occidentale par de nouveaux traités signés en 1867.

GUERRE DU MEXIQUE

(1861-1867)

Pendant la guerre civile, qui déchirait depuis longtemps le Mexique, des Français, des Anglais et des Espagnols, avaient été pillés et maltraités ; en outre, Juarez, président de la République mexicaine, avait manqué à toutes les convenances diplomatiques. Le 31 octobre 1861, la France, l'Angleterre et l'Espagne firent alliance pour exiger des indemnités en faveur de leurs nationaux auxquels on avait causé des dommages. Le gouvernement français voulait en outre faire rembourser les créances d'un banquier génevois nommé Jecker, qui avait intéressé le duc de Morny à son affaire.

Une triple escadre vint occuper la Vera-Cruz. Juarez ouvrit des négociations. La France refusant de traiter avec la République mexicaine, l'Angleterre et l'Espagne se retirèrent et la laissèrent s'engager seule dans cette expédition.

Le 5 mai 1862, le général de Lorencez éprouve un échec devant Puebla. Le général Forey, avec une armée de 30,000 hommes, en fait de nouveau le siège et s'en empare au bout de deux mois (16 mars - 18 mai 1863). Pendant ce siège, le général Bazaine bat une armée mexicaine à San-Lorenzo (8 mai) (1). Le 7 juin 1863, nous entrons

---

(1) Le 30 avril, le capitaine Danjou, avec 65 hommes de la légion étrangère, soutint, pendant neuf heures, l'héroïque combat de Camerone, contre

dans Mexico. Juarez, auquel les Mexicains ont donné la dictature, organise la résistance dans le Nord.

Le maréchal Forey nomme une commission de 35 membres qui crée une junte de 215 membres. Cette dernière proclame empereur du Mexique le frère de l'empereur d'Autriche, l'archiduc Maximilien. Celui-ci n'accepte que le 10 avril 1864. Il s'engage à nous payer l'entretien de nos troupes et 270 millions pour les frais de l'expédition. A cet effet, il contracte en France un emprunt soutenu par le gouvernement.

Le général Bazaine remplace le maréchal Forey au mois d'octobre 1863. Pour maintenir Maximilien, que les Mexicains ne veulent pas reconnaître, notre armée est obligée de soutenir une guerre continuelle et impitoyable de guérillas contre les populations insurgées, sous un climat meurtrier. Elle éprouve beaucoup de pertes (1). Le 9 février 1865, Bazaine, devenu maréchal, s'empare d'Oajaca.

En 1867, à la suite de l'intervention des Etats-Unis, la France abandonne Maximilien qui, bloqué dans Queretaro, est pris et fusillé par les républicains, le 19 juin. Juarez, rentré à Mexico, est réélu président.

La France avait envoyé au Mexique 38,493

1,800 hommes sous les ordres du général Milan. Ces braves furent pris ou tués; mais ils mirent 300 Mexicains hors de combat.

(1) Citons le brillant combat de Matehuala livré, le 17 mai 1864, par le colonel Aymard, avec 800 hommes, contre la division Doblado qui perdit 1,200 hommes, un drapeau et son artillerie,

hommes. Elle en a perdu 6.654, morts par le feu ou la maladie, d'après les chiffres officiels. C'est un minimum. Il faut ajouter 2,017 marins morts ou disparus.

GUERRE DE LA PRUSSE ET DE L'AUTRICHE CONTRE LE DANEMARK
(1864)

Les deux duchés de Schleswig et de Holstein étaient soumis au roi de Danemark. En 1848, soutenus par la Prusse, ils s'étaient soulevés pour devenir indépendants. Le Danemark lutta victorieusement contre les duchés et contre la Prusse qui abandonna ses alliés par la paix de Berlin. Les Schleswig-Holsteinois continuèrent seuls la guerre, mais furent complètement défaits (1850). Les duchés revinrent sous le gouvernement du roi de Danemark auquel les grandes puissances européennes reconnurent cette possession par le traité de Londres, du 8 mai 1852, qui réglait la succession de la monarchie danoise. En 1863, M. de Bismark, au nom de la Prusse, protesta contre l'annexion des duchés au Danemark, sous prétexte qu'ils faisaient partie de la Confédération germanique. Au mois de décembre, les troupes fédérales occupèrent le Holstein. Cependant, la Diète n'ayant pas approuvé l'envahissement du Schleswig, proposé par la Prusse et l'Autriche, ces deux puissances déclarèrent qu'elles feraient seules la guerre.

L'armée austro-prussienne s'empara, au mois de février 1864, de la position du Danewerk, au sud de la ville du Schleswig. Elle pénétra ensuite dans le Jutland.

Les Prussiens commencèrent, au mois de mars, le siège des redoutes de Düppel, armées de 118 canons, et ne purent les emporter que le 18 avril, quoiqu'ils eussent environ 25,000 hommes contre 10,000 Danois. Ils avaient mis en batterie 122 pièces, dont 57 rayées de 12 et de 24. Les pertes en tués ou blessés furent à peu près égales de part et d'autre.

Conférence de Londres, sans résultat, entre les grandes puissances européennes (avril-juin 1864).

Les Danois continuèrent cette héroïque résistance jusqu'au mois de juillet, mais, accablés par le nombre, ils furent contraints de signer la paix de Vienne (30 octobre). Le Danemark céda à la Prusse et à l'Autriche les duchés de Holstein, de Schleswig et de Lauenbourg.

La Prusse prit possession de ces duchés, ce qui faillit lui amener la guerre avec l'Autriche. Ce conflit fut alors évité par la convention de Gastein (14 août 1865). La Prusse occupa le Schleswig et l'Autriche le Holstein.

GUERRE ENTRE L'AUTRICHE, LA PRUSSE ET L'ITALIE
(1866)

Cette guerre eut pour véritable cause la rivalité de la Prusse et de l'Autriche qui, toutes les deux, voulaient dominer la Confédération germanique ; la rupture eut lieu à propos des duchés de Schleswig et de Holstein que la Prusse prétendait s'annexer.

Dès 1865, les deux puissances se préparèrent à la guerre. M. de Bismark s'assura de la neutralité de la France, et conclut un traité d'alliance avec l'Italie. La rupture définitive n'eut lieu que le 14 juin 1866, à la suite d'une proposition d'exécution fédérale contre la Prusse, portée à la Diète de Francfort par l'Autriche. La Diète vota l'exécution demandée. La Prusse déclara qu'elle se retirait de cette Confédération et proposa aux Etats du Nord d'en former une nouvelle. Les plus importants de ces Etats, le Hanovre, la Hesse-Electorale et la Saxe, refusèrent. La Prusse occupa aussitôt leurs territoires. Une armée, sous les ordres du général de Falkenstein, fut envoyée contre les troupes fédérales. L'armée hanovrienne capitula le 29 juin, malgré la victoire qu'elle avait remportée, le 27, à Langensalza.

La Prusse, dont la mobilisation s'accomplit avec beaucoup de précision et de rapidité, mit sur pied 660,000 hommes ; le 1/28 de sa populations à peu près. L'Italie, qui avait déclaré la guerre à l'Autriche le 20 juin, arma 220,000 hommes.

L'Autriche comptait sur 620,000 hommes, y compris les troupes du roi de Saxe qui se joignirent à elle au moment de l'occupation de la Saxe par les Prussiens. Les 50,000 hommes de la Confédération donnèrent peu de secours à l'Autriche qui envoya en outre une armée de 139,758 hommes en Italie, sous les ordres de l'archiduc Albert. Toute déduction faite, l'Autriche eut moins de 400,000 combattants.

Trois armées prussiennes, formant une masse de 256,000 hommes, se dirigèrent vers la Bohême, après l'occupation de la Saxe : l'armée de l'Elbe, commandée par le général de Bittenfeld ; la 1re armée, commandée par le prince Frédéric-Charles, et la 2º armée commandée par le prince royal. L'Autriche organisait à ce moment l'armée du Nord, forte de 232,632 hommes, sous les ordres du feld-zeugmeister Benedek.

Les Autrichiens furent surpris par la rapidité de la concentration et de l'offensive des Prussiens, et furent contraints de rester sur la défensive.

Le 23 juin, les Prussiens entrent en Bohême et se dirigent sur Gitschin, point de rendez-vous général, après avoir franchi les obstacles dangereux de la Lusace, des monts des Géants et des monts Métalliques. Ils refoulent sans peine la 1re armée autrichienne de Clam-Gallas qui leur est opposée au début, et opèrent leur jonction le 30, après les combats heureux de Liebenau (26 juin), et de Podol (27), livrés par la 1re armée; de Müchengraetz (28), et de Gitschin (29), livrés par la 1re armée et l'armée de l'Elbe réunies; de Nachod (27), Trautenau (27 et 28), Skalitz (28), Kœniginhof et de Jaromir (29), livrés par la 2º armée.

Bataille de Sadowa (3 juillet). — Le 2 juillet, les Autrichiens s'étaient concentrés sur la rive gauche de la Bistriz, entre Sadowa et la forteresse de Kœniggrætz, pour livrer une bataille défensive.

Benedek disposa sur les hauteurs de Horenowes, Chlum et Problus, sur une longueur de 12 kilomètres, 215,028 hommes et 770 bouches à feu, fit fortifier quelques villages, exécuter des abris, élever des batteries et des retranchements. Le front de la position était très avantageux, mais les flancs étaient défectueux, sans obstacles ; de plus, en cas de retraite, il n'y avait sur les derrières aucun abri, aucune ligne de défense.

Les Prussiens avaient 220,982 hommes et 780 bouches à feu. Le 3 juillet, la 1re armée, sous les ordres de Frédéric-Charles, passe la Bistritz et exécute une vigoureuse attaque sur le front des Autrichiens pour les retenir dans leur position ; elle supporte, pendant plusieurs heures, tout le poids de la bataille. Grâce à cette énergique offensive, l'armée de l'Elbe gagne le flanc gauche de l'ennemi et menace sa ligne de retraite, la 2e armée descend sur son flanc droit et s'empare de Horenowes. L'armée de Frédéric-Charles, dégagée par ces mouvements, pousse plus résolument son offensive. La 2e armée avance toujours et enlève le mamelon de Chlum qui est la clef de la position et qui dépasse de 30 mètres les points les plus élevés. L'aile droite ennemie est ainsi séparée du reste de l'armée. Les Autrichiens sont contraints de battre en retraite vers Kœniggrætz.

Dans cette bataille, la plus grande du siècle, les Autrichiens perdirent 42,812 hommes et 187 bouches à feu; les Prussiens, 9,153 hommes; le corps saxon, 1,548 hommes.

Les succès des Prussiens furent dus à la rapidité de leur mobilisation, à la supériorité de leur fusil à aiguille, à la bonne instruction de leur armée et à leur tactique bien appropriée au terrain et aux circonstances. Les Autrichiens manquèrent de promptitude et de décision ; ils employèrent des formations compactes, et exécutèrent des charges à la baïonnette qui leur donnèrent tous les désavantages contre les feux rapides des Prussiens.

Opérations en Italie

Les Italiens avaient formé deux masses, dirigées contre le quadrilatère à l'Ouest et au Sud. Le général La Marmora franchit le Mincio avec 100,000 hommes, tandis que le général Cialdini restait sur la rive droite du Pô inférieur. L'archiduc Albert sortit de Vérone avec 75,370 hommes et battit les Italiens à Custozza le 24 juin. Pertes des Italiens : 7,372 hommes. Pertes des Autrichiens : 8,832 hommes.

Le 20 juillet, l'amiral autrichien Tégethoff défit à Lissa la flotte italienne commandée par Persano.

Traité de Prague
(23 août 1866)

La paix fut signée entre l'Autriche et la Prusse. L'Autriche reconnut la dissolution de la Confédération germanique et consentit à une nouvelle organisation à laquelle elle devait rester étrangère ; enfin, elle céda à la Prusse tous ses droits sur le Schleswig-Holstein. Par un traité conclu le 3 octobre avec l'Ialie, l'Autriche accepta la réunion de la Vénétie au royaume italien. La remise de cette province fut faite, le 19 octobre, au nom de Napoléon III, à qui l'Autriche l'avait cédée après Sadowa.

Par des traités particuliers avec les Etats d'Allemagne, la Prusse constitua une Confédération de l'Allemagne du Nord dont toutes les forces militaires furent mises sous le commandement du roi de Prusse. Le Schleswig-Holstein, le Hanovre, l'électorat de Hesse-Nassau, les villes libres de Brême, de Hambourg et de Francfort-sur-le-Mein furent annexés à la Prusse.

La Confédération du Sud ne fut pas organisée. Bade se rallia à la Prusse ; la Bavière et le Wurtemberg mirent leurs troupes à sa disposition. Toute l'Allemagne s'inclina en un mot devant la puissance de la Prusse et accepta sa suzeraineté. Tels furent les résultats de la défaite des Autrichiens.

GUERRE ENTRE LA FRANCE ET LA PRUSSE
(1870-1871)

Napoléon III comptait obtenir de la Prusse quelques accroissements de territoire pour la rectification de notre frontière, en récompense de sa neutralité bienveillante en 1866. M. de Bismark l'avait fait espérer, tant qu'il avait eu à craindre notre intervention ; puis, après ces victoires, la Prusse ne voulut plus rien accorder. Cet échec de notre diplomatie avait été très sensible au gouvernement impérial, et, dès cette époque, on put prédire que tôt ou tard la guerre éclaterait entre les deux nations.

La Prusse s'y prépara de longue main, en surexcitant le patriotisme allemand et en organisant une armée formidable. La France ne tint pas compte de ces préparatifs menaçants et ne modifia pas son ancienne organisation militaire devenue insuffisante. Le gouvernement impérial commit la faute de déclarer brusquement la guerre le 19 juillet 1870 (1), à propos de l'offre de la couronne d'Espagne au prince de Hohenzollern, appartenant à une branche de la famille royale de Prusse, quoique celui-ci eût décliné l'offre à la suite de la protestation de la France. L'Empereur se laissa entraîner à cette guerre dans l'espoir d'affermir sa dynastie par une victoire, de réduire au silence le parti de l'opposition qui devenait de plus en plus fort, et enfin d'effacer le souvenir de notre échec diplomatique en 1866 et de l'expédition désastreuse du Mexique.

Mobilisation. — Elle commence le 15 juillet en France, et le 16 en Allemagne.

Voici les différents corps d'armée que nous formons avec leur lieu de rassemblement :

1er corps (M^{al} de Mac-Mahon) à Strasbourg ;
2e corps (général Frossard) à Saint-Avold ;
3e corps (maréchal Bazaine) à Metz ;
4e corps (général de Ladmirault) à Thionville ;
5e corps (général de Failly) à Bitche ;
6e corps (M^{al} Canrobert) au camp de Châlons ;
7e corps (général Félix Douay) à Belfort. ;
Garde impériale (général Bourbaki) à Nancy.

De plus, une réserve de cavalerie de trois divisions à Pont-à-Mousson et Lunéville, une réserve générale d'artillerie à Lunéville et un grand parc à Toul.

A la date du 2 août, nous avons 240,000 hommes, avec 936 bouches à feu (2), 144 mitrailleu-

---

(1) La guerre fut votée le 15 par le Corps législatif et notifiée officiellement le 19.

(2) Après l'arrivée des réservistes, l'armée comptait, sur le papier, le 5 août, 270,570 hommes. Ce nombre ne fut même pas atteint.

ses. Nous manquons de chevaux, de voitures, d'ambulances, de parcs, etc.

Les cartes même font défaut. L'armée active est disciplinée, mais les réservistes ne connaissent pas le fusil modèle 1866. Notre artillerie est de beaucoup inférieure à celle des Allemands comme nombre, justesse et portée; les mitrailleuses ne donnent pas les résultats espérés. Les places fortes de la frontière n'ont ni garnison, ni approvisionnements. La garde mobile devait donner 500,000 hommes, d'après la loi de 1868, mais on ne l'a pas organisée.

La concentration des Prussiens est terminée le 2 août; ils forment trois armées :

1re armée (général de Steinmetz) à Coblentz;
2e armée (prince Frédéric-Charles) à Mayence;
3e armée (prince royal) entre Spire et Landau.

En tout 415,800 hommes et 1,558 bouches à feu, à la date du 2 août. Ces armées sont sous le commandement du roi Guillaume qui a le général de Moltke comme chef d'état-major général. Surpris par la rapidité de la mobilisation prussienne, nous sommes réduits à la défensive.

Sarrebrück. — Reconnaissance exécutée le 2 août, par le deuxième corps français qui repousse les avant-postes ennemis, occupe la ville, puis se retire sur les hauteurs de Spickeren.

Marche des Allemands. — L'armée allemande prend l'offensive le 3 août, après des reconnaissances où sa cavalerie montre beaucoup d'audace; la 1re et la 2e armée marchent sur la Sarre, la 3e aborde la Lauter et pénètre en Alsace.

A ce moment, nos forces sont divisées en deux masses : la première, formée du 2e, du 3e, du 4e corps et de la garde, est en Lorraine ; la deuxième, comprenant le 1er, le 5e et le 7e corps, se trouve en Alsace et dans les Vosges. Comme réserve, il y a le 6e corps qui occupe Châlons, Soissons et Paris. Le 5 août, le maréchal de Mac-Mahon est chargé du commandement des corps d'Alsace et le maréchal Bazaine du commandement des corps de gauche, en Lorraine. Par suite, il faut étudier séparément les opérations de ces deux groupes séparés.

Opérations en Alsace

Le 4, tandis que 150,000 Allemands, en cinq corps, marchent sur la Lauter, avec un front de 20 kilomètres, les trois corps français de l'Alsace s'étendent de Sarreguemines à Belfort sur une ligne de plus de 200 kilomètres, et les divisions sont séparées, ne peuvent se porter aucun secours.

Combat de Wissembourg (4 août). — Wissembourg était occupé, depuis le 3, par la 2e division du 1er corps français, commandée par le général Abel Douay ; 4,900 Français ont à lutter contre 40,000 Allemands. Cette malheureuse division se bat avec un courage poussé jusqu'à la témérité ; elle est entourée par trois corps ; sa position est criblée par les projectiles de 100 bouches à feu ; son général est tué. A 2 heures, nous battons en retraite sans être vivement poursuivis. Les Allemands perdent 91 officiers et 1,460 hommes tués ou blessés ; nous perdons 1,200 tués ou blessés (?) et 892 disparus.

Bataille de Wœrth, de Frœschwiller ou de Reischoffen (6 août). — Le 5, le maréchal de Mac-Mahon réunit le 1er corps sur la position de Wœrth qui présente de grands avantages stratégiques. Le maréchal reçoit en outre une division du 7e corps ; il dispose ainsi d'environ 45,000 hommes contre la 3e armée allemande qui en a 150,000. La bataille commence à 5 heures du matin par un combat d'artillerie. Les batteries françaises sont obligées de se replier devant le feu terrible des 84 pièces du 5e corps allemand. Le 2e corps bavarois pousse la gauche de notre ligne sur Frœschwiller ; au centre, le 5e corps prussien franchit la Sauer à Wœrth et enlève la crête, sur le front de notre position. La brigade de cuirassiers Michel, pour couvrir la retraite de notre aile droite qui est débordée, exécute une charge héroïque ; elle est décimée et rejetée vers le sud. La division de cuirassiers de réserve tente une nouvelle charge qui est repoussée. A 5 heures, les Allemands s'emparent de Frœschwiller où nous tenions encore ; alors, les débris de notre armée reculent en désordre vers Bitche, Saverne Haguenau. Pertes des Prussiens : 10,642 tués, blessés ou disparus, dont 489 officiers. Pertes des Français : 5 à 6,000 tués ou blessés (?), 10,000 disparus (?), dont 200 officiers, 30 canons. Les Allemands n'eurent que 1,373 disparus.

Après ces défaites, notre armée d'Alsace, composée du 1er, du 5e et du 7e corps, se retire sur Châlons.

Siège de Strasbourg (9 *août* — 28 *septembre*). Le général allemand de Werder est chargé de ce siège, avec 60,000 hommes, 141 canons de campagne et 373 pièces de siège. Les ouvrages de fortification, les monuments et un grand nombre de maisons sont bombardés et détruits.

Dans la population, on compte 1,400 tués ou blessés ; la troupe perd 700 hommes tués ou blessés. Le général Uhrich, commandant la place, est contraint de capituler. Après la prise de Strasbourg, les Allemands vont assiéger Belfort qu'ils ne parviennent pas à prendre, grâce à l'admirable défense du colonel Denfert.

Opérations en Lorraine

Après la reconnaissance de Sarrebrück, notre armée de Lorraine, commandée par le maréchal Bazaine, se rapproche de la frontière et occupe les emplacements suivants : 2ᵉ corps, en avant de Forbach ; 3ᵉ corps derrière le 2ᵉ, entre Sarreguemines et Saint-Avold ; 4ᵉ corps à gauche du 3ᵉ, entre Saint-Avold et la Nied. — A l'extrême droite, se trouve le 5ᵉ corps qui occupe Bitche, et qui fait partie de l'armée d'Alsace. Occupé par des démonstrations peu importantes sur son front, ce corps reste immobile et inutile, le 6 août, entre les deux batailles de Wœrth et de Spickeren.

Bataille de Forbach ou de Spickeren (6 août). La 1ʳᵉ et la 2ᵉ armée allemande marchent sur la Sarre et font converger huit corps allemands sur la position de Spickeren, défendue seulement par le 2ᵉ corps français qui résiste avec intrépidité, mais qui finit par succomber sous le nombre. Les ennemis ont 4,881 tués ou blessés, dont 233 officiers. Les Français ont 1,982 tués ou blessés, dont 205 officiers, et 2,096 disparus.

Le 2ᵉ corps avait combattu seul, par suite des ordres tardifs et incomplets donnés au 3ᵉ corps qui envoya trois divisions, dont une dans une mauvaise direction et les deux autres après la bataille. On eût pu cependant utiliser le 3ᵉ, le 4ᵉ et le 5ᵉ corps, et même la garde impériale placée en réserve à Courcelles-Chaussy, ce qui nous eût assuré la victoire.

Napoléon III fait reculer sur Metz le 2ᵉ, le 3ᵉ et le 4ᵉ corps avec la garde, et les laisse sous le commandement du maréchal Bazaine. On fait aussi venir de Châlons le 6ᵉ corps. Après beaucoup d'hésitations, on décide enfin de battre en retraite sur Verdun, puis, de là, sur Châlons ou Paris. Mais, pendant ce temps, les trois armées allemandes ont fait une vaste conversion : la 3ᵉ armée est à l'aile marchante, la 2ᵉ au centre et la 1ʳᵉ sert de pivot. Elles arrivent ainsi sur la Moselle ; elles exécutent ensuite un mouvement tournant autour de Metz.

Combat de Borny (14 *août*). — Nos troupes cherchent à opérer le passage de la Moselle, quand elles sont attaquées, vers 4 heures du soir, à Borny. Nous contenons l'attaque de l'ennemi qui perd 4,779 tués ou blessés, dont 222 officiers, et 127 disparus. Les Français perdent 3,018 tués ou blessés, dont 197 officiers, et 590 disparus. Notre retraite est malheureusement retardée.

Bataille de Gravelotte ou de Rezonville (16 *août*). — Le 15, nous achevons le passage de la Moselle ; le 16, nous reprenons notre marche sur Verdun, quand nos têtes de colonnes rencontrent celles des Allemands qui s'avancent sur Saint-Hilaire et sur Mars-la-Tour. Ni d'un côté ni de l'autre, on ne s'attendait à cette bataille qui fut acharnée. Des deux côtés, la cavalerie y prit une grande part et exécuta des charges qui lui occasionnèrent des pertes énormes. La victoire fut indécise. Les pertes furent presque égales. Du côté des Allemands : 14,823 tués ou blessés, dont 706 officiers, et 967 disparus, soit 15,790 hommes ; du côté des Français, 11,487 tués ou blessés, dont 744 officiers, et 5,472 disparus, soit 16,959 hommes.

Bataille de Saint-Privat (18 août). — Le 17, l'armée allemande groupe tous ses corps le long de la route de Verdun, entre Mars-la-Tour et le ravin d'Ars. Les Français se retirent de la position de Rezonville, et se placent sur celle d'Amanvillers, très favorable à la défensive. Le faîte est garni de bois, de villages, de châteaux et de fermes ; en outre, nous construisons des tranchées-abris et nous mettons en état de défense les fermes et les bois ; malheureusement, le 6ᵉ corps, qui n'a pas d'outils, ne peut faire de travaux à notre aile droite qui s'étend jusqu'à Saint-Privat. Le 18, la bataille s'engage ; les Allemands mettent en ligne 203,412 hommes et 726 bouches à feu, les Français 130,000 hommes et 450 bouches à feu. Jusqu'à 5 heures, nous gardons notre front intact, et nous infligeons de grandes pertes à l'ennemi. Devant Saint-Privat, une première attaque de la garde prussienne coûte à celle-ci 6,500 hommes en dix minutes. Mais nous ne profitons pas de nos réserves pour exécuter une contre-attaque ou pour renforcer à temps notre droite contre laquelle les Allemands dirigent de grandes forces. Aussi, à 6 heures et demie, l'ennemi emporte Saint-Privat et Amanvillers. Les Allemands perdent 19,667 tués ou blessés, dont 900 officiers, et 493 disparus, soit 20,160 hommes. Les Français perdent 27,522 tués ou blessés, dont 484 officiers, et 4,913 disparus, soit 32,435 hommes. Cette bataille est aussi désignée parfois sous le nom de bataille de Gravelotte.

L'armée française bat en retraite sur Metz où elle est assiégée.

Siège de Metz. — Les Allemands investissent la place avec leur 1re et leur 2e armée (200,000 hommes, 630 canons). Ils forment en même temps une 4e armée, dite de la Meuse, et la dirigent sur Verdun. Il n'y a plus, pendant le siège de Metz, que des sorties sans grande importance. La plus sérieuse a lieu le 31 août et le 1er septembre (combats de Noisseville). Elle coûte 2,976 hommes à l'ennemi et 3,554 aux Français. Mais on ne profite pas de quelques succès obtenus. Enfin, le 27 octobre 1870, le maréchal Bazaine, sans avoir essayé de lutter sérieusement, capitule et livre à l'ennemi Metz et son riche arsenal, 156,000 hommes et 1,407 pièces de campagne ou de position. Il livre de plus à l'ennemi toutes les armes et tous les drapeaux !

Le siège de Metz ne coûta aux Allemands que 5,482 hommes hors de combat.

Opérations sur la Meuse

Il nous reste l'armée réorganisée à Châlons. Elle comprend le 1er, le 5e, le 7e et le nouveau 12e corps du général Lebrun ; en tout, 140,000 hommes. Contre elle, vont manœuvrer la 3e armée allemande du prince royal et la 4e, dite de la Meuse, commandée par le prince de Saxe. Ces deux armées possèdent 240,000 hommes.

Deux partis se présentent pour l'armée française : ou défendre Paris, ou reprendre l'offensive pour dégager l'armée de Metz. Le gouvernement de Paris et surtout l'Impératrice, font adopter le plan le plus dangereux, pour des raisons politiques, malgré l'avis des généraux réunis en conseil de guerre à Châlons.

Dans l'intention de secourir l'armée de Metz, nous nous dirigeons sur la Meuse pour gagner la route de Metz par Carignan et Montmédy. Bientôt avertis de cette manœuvre, la 3e et la 4e armée allemandes font une conversion à droite pour se placer face au nord. Par suite d'hésitations continuelles, d'ordres et de contre-ordres, de l'encombrement des bagages mêlés aux colonnes, notre marche s'exécute très lentement et avec le plus grand désordre. Nous essayons de passer la Meuse à Stenay que nous trouvons occupé ; nous descendons alors jusqu'à Mouzon et à Remilly où s'effectue le passage de la Meuse. Le 5e corps, qui n'a pas reçu ses ordres de marche tombés dans les mains de l'ennemi, livre un combat à Nouart, le 29 août, et fait une marche de nuit très pénible pour se rendre à Beaumont, après avoir reçu de nouveaux ordres. Il se garde mal, et, le 30, est complètement surpris et défait à Beaumont et sur les hauteurs de Mouzon. Les Allemands perdent 3,529 hommes tués ou blessés ; les Français 1,800, plus 3,000 disparus ou prisonniers et 42 bouches à feu.

Les débris du 5e corps parviennent à passer sur la rive droite de la Meuse par le pont de Mouzon, grâce aux secours qui sont envoyés et au dévouement du 5e cuirassiers.

On donne l'ordre à tous les corps de se concentrer à Sedan, et on renonce à la marche sur Metz. Ils se trouvent tous réunis, le 31 août au soir, autour de Sedan, tandis que les Allemands s'étendent sur une longue ligne, de Dom-le-Menil à Carignan, et cherchent déjà à envelopper par leurs deux ailes. Leurs mouvements amènent, le lendemain, la bataille de Sedan.

Bataille de Sedan (1er septembre). — Les positions françaises formaient un triangle ayant son sommet au calvaire d'Illy, et dont deux côtés étaient représentés par les ravins de Givonne et de Floing, et la base par la Meuse. Notre 7e corps fait face au ravin de Floing, le 12e et le 1er à celui de Givonne; le 5e est mis en réserve.

Le 1er septembre, la 4e armée allemande fait face au 1er et au 12e corps français, et la 3e armée, après avoir passé la Meuse à Donchery, attaque le 7e corps pour se joindre à la 4e armée. Les hauteurs de la rive gauche de la Meuse sont en outre garnies d'artillerie par l'ennemi. A 3 heures, l'armée française est rejetée sur la place et complètement entourée; l'artillerie ennemie fait pleuvoir ses projectiles sur la ville. L'Empereur capitule. Les Allemands perdent 8,222 tués ou blessés, dont 463 officiers, et 702 disparus, soit 8,924 hommes. Les Français perdent 17,000 tués ou blessés, 21,000 prisonniers, 83,000 prisonniers par capitulation et 3,000 échappés en Belgique, soit 124.000 hommes, avec 419 pièces de campagne et 139 de place.

Siège de Paris
(17 septembre 1870 — 28 janvier 1871)

Après Sedan, les Allemands investissent Paris avec 147,000 hommes et 622 pièces de campagne. Le 31 octobre, ils ont 181,667 hommes et des pièces de siège. Paris est défendu par 13,900 marins, 45,000 hommes de l'armée active, 115,000 mobiles et 250,000 gardes nationaux (1).

L'armée de Paris livre une série de combats. Les principaux sont : le combat de Châtillon (19 septembre), l'attaque d'Hay, de Chevilly, de Thiais et de Choisy-le-Roi (30 septembre), la prise et la perte du Bourget (28, 29 et 30 octobre), l'attaque des hauteurs de Champigny (29, 30 novembre, 1er et 2 décembre) (2); enfin, la sortie sur Buzenval et sur Montretout, le 19 janvier 1871. — Depuis le 27 décembre, les Allemands bombardaient Paris. Tous les moyens de subsistance étaient épuisés. Enfin, on ne pouvait plus espérer aucun secours des armées de province. Un armistice fut signé le 28 janvier. Les hostilités furent partout suspendues, excepté dans l'Est.

Guerre en province

Armée de la Loire. — La défense est organisée en province par Gambetta, délégué par le gouvernement de la défense nationale. 600,000 hommes, de 20 à 40 ans, sont appelés comme

---

(1) Le 8 novembre, l'armée de Paris avait un effectif total de 342.239 combattants répartis en trois armées, non compris les troupes de la marine.

(2) La bataille de Champigny fut très importante et très acharnée. Les Français mirent en ligne 62.000 hommes et 276 bouches à feu ; les Allemands, 72,000 hommes et 274 bouches à feu. Pertes des Français : 9,348 tués ou blessés. Pertes des Allemands : 6,172 tués ou blessés.

mobiles ou mobilisés et servent à former 12 corps d'armée, numérotés de 15 à 26, et fournissent les armées de la Loire, du Nord, des Vosges et de l'Est. Le 9 novembre, le général d'Aurelle de Paladines, avec le 15e et le 16e corps, remporte la victoire de Coulmiers. Il occupe Orléans et y établit un grand camp retranché. Le 28, nous livrons un combat violent, sans résultat, à Beaune-la-Rolande. Le 1er et le 2 décembre, on tente une nouvelle offensive pour se porter au secours de Paris; le 16e et le 17e corps ont quelques succès à Villepion et à Loigny, puis sont obligés de se replier vers l'Ouest. Alors, le prince Frédéric-Charles attaque le camp retranché d'Orléans, le 3 janvier et l'emporte le 4. Notre armée est coupée en deux parties séparées par la Loire. Aussi, à partir de ce moment, l'armée de la Loire forme deux nouvelles armées: le 16e, le 17e et le 21e corps composent la 2e armée de la Loire, sous les ordres du général Chanzy; le 15e, le 18e et le 20e corps (1), composent l'armée de l'Est, commandée par le général Bourbaki qui remplace le général d'Aurelle.

Le général Chanzy bat en retraite vers l'Ouest, en se servant des lignes du Loir, de la Sarthe et de la Mayenne. Cette armée a des combats continuels à soutenir; les principaux sont ceux livrés sur la rive droite de la Loire, du 6 au 10 décembre, à Beaugency, à Marchenoir; puis, sur le Loir, à Fréteval, à Vendôme et Montoire (14 et 15). Le 11 janvier 1871, le général Chanzy

---

(1) Auxquels s'ajoutèrent plus tard le 24e corps et la division Crémer qui avait appartenu d'abord à l'armée des Vosges ou de Garibaldi.

est défait au Mans, et se retire derrière la Mayenne où il se maintient jusqu'à l'armistice.

Armée de l'Est. — Après la prise d'Orléans, le général Bourbaki reçoit l'ordre de dégager Belfort. Le 9 janvier, il livre le combat heureux de Villersexel, contre le général de Werder. Le 15, le 16, et le 17, nous essayons vainement de débusquer les Allemands des hauteurs situées sur la rive gauche de la Lizaine (*bataille d'Héricourt*). Nous battons en retraite sur Besançon.

Les Allemands forment, au commencement de janvier, une nouvelle armée, dite du Sud, sous les ordre du général Manteuffel. Elle marche au secours du général de Werder, passe entre Langres et Dijon, se porte vers Dôle et coupe ainsi la ligne de retraite de Besançon sur Lyon à l'armée de l'Est. Le général de Bourbaki décide la retraite sur Pontarlier pour remonter la vallée du Doubs, mais les Allemands achèvent leur conversion; leur droite nous ferme ce passage, et, le 1er février, notre armée, commandée en dernier lieu par le général Clinchant, est contrainte de se réfugier en Suisse, malgré l'armistice qui devait la sauver.

Armée du Nord. — Après la chute de Metz, le général de Manteuffel marche sur Amiens avec la 1re armée allemande. Le 27 novembre, nous sommes défaits à Villers-Bretonneux, mais les Allemands ont autant de tués et de blessés que nous (1,400). — Le général Faidherbe prend le commandement, et réunit le 22e et le 23e corps (30,000 hommes et 60 pièces de campagne).

Il livre une bataille acharnée à Pont-Noyelles, le 23 décembre; la victoire est indécise. Le 2 et le 3 janvier, il livre encore la bataille de Bapaume, et, le 19, la bataille de Saint-Quentin. L'armée du Nord avait donc, en deux mois, livré quatre batailles et plusieurs combats, en infligeant des pertes considérables à l'ennemi.

Pertes de la campagne

Total des pertes éprouvées par les deux armées, sur le champ de bataille, pendant toute la durée de la guerre :

Allemands : tués, 34,288 ; blessés, 127,867 ; total, 162,155. Morts de maladies, 12,301. Total des décès, 46,589.

Français : morts, 138,871 ; blessés, 137,626. Ces morts comprennent les tués, les disparus, les morts de blessures ou de maladies, ainsi que les 17,240 prisonniers morts en captivité.

Traité de Francfort
(10 mai 1871)

Par ce traité, nous avons été contraints de céder à l'Allemagne : l'Alsace, moins l'arrondissement de Belfort, et la Lorraine, moins les arrondissements de Briey, de Toul et de Lunéville, avec lesquels on a formé le département de Meurthe-et-Moselle. La France a été ainsi réduite à 86 départements. De plus, nous avons payé une rançon de 5 milliards et entretenu des troupes ennemies sur notre territoire jusqu'au 20 septembre 1873, date à laquelle l'occupation étrangère a enfin cessé.

FIN DU TOME II

TABLE RÉCAPITULATIVE

DU TOME II

NAPOLÉON Ier

Partie militaire (suite)

	Pages.
Campagne de 1809	3
Campagne de 1812	8
Campagne de 1813	14
Campagne de 1814	20

LOUIS XVIII

Partie politique

Première Restauration (1814-1815)	29

NAPOLÉON Ier

Partie politique

Les Cent-jours (du 20 mars au 22 juin 1815).	31

Partie militaire

Campagne de 1815	31

LOUIS XVIII

Partie politique

	Pages.
Seconde Restauration (1815-1824)............	37
Ministère Richelieu (1815-1818).............	37
Ministère Decazes (1818-1820).............	38
Second ministère Richelieu (1820-1821)......	38
Ministère Villèle (1821-1828)................	38

Partie militaire

Expédition d'Espagne (1823)................	38

CHARLES X

Partie politique

Ministère Villèle (1821-1828)	39
Ministère Martignac (1828-1829	39
Ministère Polignac (1829-1830).............	39

Partie militaire

Expédition de Grèce (1827-1830)............	40
Expédition d'Algérie (1830)................	40

LOUIS-PHILIPPE Ier

Partie politique

Ministère Laffite (1830-1831)................	41
Ministère C. Périer (1831-1832).............	41
Ministère Broglie, Guizot et Thiers (1832-1836)......	41
Ministère Molé (1836-1839).................	42
Ministère Soult (1839-1840)................	42

	Pages.
Ministère Thiers (1840)............................	42
Ministère Guizot (1840-1848). — Révolution de 1848...	43

Partie militaire

Expédition de Belgique (1832)....................	44
Conquête de l'Algérie (1830-1847).............	44

RÉPUBLIQUE FRANÇAISE

Partie politique

Assemblée constituante (1848-1849)...........	49
Assemblée législative (1849-1851).............	50
Coup d'Etat du 2 décembre 1851................	51

NAPOLÉON III

Partie politique

Histoire du second Empire (événements principaux)...	53

Partie militaire.

Guerre de Crimée (1854-1856)....................	57
Guerre d'Italie (1859).................................	63
Expédition de Syrie (1860).........................	68
Guerre de Chine (1860)..............................	69
Guerre de Cochinchine (1858-1862)............	70
Guerre du Mexique (1862-1867).................	71
Guerre de la Prusse et de l'Autriche contre le Danemark (1864)................................	73
Guerre entre l'Italie, la Prusse et l'Autriche (1866)..	74
Guerre entre la France et la Prusse (1870-1871)..	79

Paris et Limoges. — Imp. militaire H. CHARLES-LAVAUZELLE

LIBRAIRIE MILITAIRE

Henri CHARLES-LAVAUZELLE

11, place Saint-André-des-Arts, à Paris,

46, Nouvelle route d'Aixe, à Limoges.

Cette Maison tient à la disposition de l'armée tous les ouvrages, théories, règlements d'administration, registres et imprimés militaires, pour les services de l'armée : Trésoriers et habillement des corps de toutes armes. — Recrutement. — Armée territoriale. — Trésoriers de l'armée territoriale. — Intendance. — Etat-Major. — Grandes manœuvres. — Presses régimentaires. — Tir. — Ecoles régimentaires. — Bibliothèques. — Pelotons d'instruction et engagés conditionnels. — Brigades, Officiers, Trésoriers et inspection générale de gendarmerie. — Garde républicaine.

Tous les ouvrages, imprimés sur beau et fort papier, sont expédiés *franco*, contre l'envoi d'un mandat postal.